丝 绸 之 路 与 敦 煌 文 化 丛 书

纪念敦煌研究院成立70周年

U0143036

榆林窟艺术

敦煌研究院 编著

樊锦诗 主编

江苏凤凰美术出版社

丝绸之路与敦煌文化丛书

敦煌研究院　编著

主　编　　樊锦诗

副主编　　赵声良

丛书总序

樊锦诗

  丝绸之路，是中古时期一条曾经对中外经济文化交流起过重大作用的国际通道。从中国中心部的都市长安向西，经过无数的山川与城市，穿越沙漠、戈壁与绿洲，一直通向地中海的东岸，丝绸之路沿线各地区各民族的文化，就因丝绸之路的发达而得到促进。其中，位于我国甘肃省河西走廊西端的敦煌无疑是丝绸之路上最受瞩目的一颗明珠。自汉代设郡以来，敦煌成为总绾中西交通的"咽喉之地"。由敦煌向东，经河西走廊，可达汉唐古都长安、洛阳；向西通过西域（现我国新疆地区），可进入中亚、西亚、南亚，乃至欧洲的罗马；向北翻过马鬃山，可到北方草原丝绸之路；向南越过阿尔金山，可接唐蕃古道。敦煌在丝绸之路上的特殊地位，使它在欧亚文明互动、中原民族和少数民族文化交融的历史进程中占有重要的地位。公元4—14世纪，古敦煌地区受到佛教的影响，古代艺术家们在此建造了敦煌莫高窟、西千佛洞、瓜州榆林窟等一批佛教石窟，我们统称为敦煌石窟。通过敦煌石窟和敦煌藏经洞的出土文物，我们了解到欧亚文明互动、中原民族和少数民族文化交融的历史，特别是在中古时期，中国、印度、希腊、伊斯兰文化在此汇流，羌戎、乌孙、月氏、匈奴、鲜卑、吐谷浑、吐蕃、回鹘、粟特、于阗、党项羌、蒙古、汉等民族的历史文化状况；中原的儒教和道教、印度的佛教、波斯的摩尼教、粟特

人的祆教（拜火教），以及西方早期基督教中的景教等宗教在丝绸之路沿线的发展状况；4—14世纪1000多年间佛教艺术的流传及演变等丰富的历史。

敦煌文化的兴衰，又与丝绸之路的繁荣与衰落息息相关。自汉代以来，丝绸之路的开辟以及长期的繁荣，给中西文化的传播与交流提供了巨大的空间，位于丝绸之路要道的敦煌便在东方与西方文明的交流与融合中，发展了自身独特的文化艺术，保存至今的敦煌石窟艺术以及藏经洞出土的卷帙浩繁的大量文献，就蕴藏着无限丰富的古代宗教、文学、历史、音乐、美术等丰富的遗产，成为今天学者、艺术家、旅游者瞩目的对象。

古代敦煌文化之所以繁荣，正是由于汲取了丝绸之路上中西文化的丰富营养。今天，我们又处于一个中外文化交流的大好时机，更应该以开阔的胸襟，放眼世界，从更广更深的角度来看待丝绸之路与敦煌的文化艺术。"丝绸之路与敦煌文化丛书"就是希望以更新的视角、更新的方法来探讨丝绸之路与敦煌学的相关问题。另外，我们今天的学术研究，不能再局限于书斋之中，更应该考虑到对社会的责任，要尽可能地把学术研究的成果转化成普通读者的精神食粮，为当今的精神文明建设服务。要让更多的非专业人士也对敦煌、丝绸之路这样的古代文明感兴趣，并从中得到收益。这也是我们今天学术研究者的责任。

榆 林 窟 艺 术

主 编

樊 锦 诗

副主编

赵 声 良

撰 稿　　赵声良　齐双吉

摄 影　　孙志军　张伟文　吴 健

宋利良　赵声良

目　录

第一章 榆林窟艺术概观

第一章　榆林窟艺术概观

（一）瓜州与榆林窟

在甘肃省河西走廊西端瓜州县（曾名安西县）西南的南山山谷中，有一处闻名遐迩的石窟群，称为榆林窟，又名榆林寺、万佛峡。榆林窟开凿在踏实河（又名榆林河）东西两岸的峭壁上，湍急的河水穿山谷而过，河两岸榆树成荫。就在这宁静幽深的峡谷中，隐藏着几十座灿烂辉煌的佛教石窟。这里现存洞窟42个，分布在相距约100米、长约500余米、高约10余米陡立的河谷两岸的崖壁上（图1-1~图1-3）。其中，东崖上层20窟，下层11窟；西崖仅有一层，共11窟。在东崖的上下层窟的北端建有僧房及有禅窟的遗迹。洞窟现存壁画约5200平方米，彩塑约200身；窟前有塔、化纸楼等土建筑20座。

榆林窟所在地瓜州，地处敦煌市以东100多公里。自古以来，瓜州与敦煌为同一文化圈。汉代以前，敦煌、瓜州曾先后居住有羌人、乌孙人、月支人和匈奴人。

图1-1　榆林窟外景之一

图1-2 榆林窟外景之二

图1-3 榆林窟外景之三

西汉元狩二年（前121年），霍去病驱逐盘踞河西的匈奴人。元鼎六年（前111年），在河西设置武威、张掖、酒泉、敦煌四郡。敦煌郡辖敦煌、效谷、龙勒、冥安、广至、渊泉六县，其中冥安、广至、渊泉都在后来的瓜州境内。西晋元康五年（295年）分敦煌郡之宜禾、伊吾、冥安、广至、渊泉五县，与酒泉郡之沙头县，新立会稽、新乡县，置晋昌郡。今瓜州之地大体就在晋昌辖境之内。东晋时，北方先后经历十六国统治，其中在瓜州一带主要经历了前凉、前秦、后凉、西凉、北凉的统治。后凉段业分宜禾入凉兴郡，余七县未变。北魏改名为会稽郡，分广至、冥安、渊泉入凉兴郡，更名为常乐郡。北周并二郡为会稽郡，更名永兴郡。隋初并入瓜州（今敦煌）。唐武德五年（622年）瓜州（今敦煌）改名为西沙州。贞观七年（633年）省"西"字，另于晋昌县立瓜州，辖晋昌、常乐二县，治晋昌（今瓜州东南）。隋唐时玉门关从敦煌东徙至瓜州城东北，即今瓜州县东双塔堡一带，这说明瓜州地理位置之重要。唐初玄奘西行求法，偷渡玉门关，就是当时瓜州之玉门关。

瓜州榆林窟创建年代，至今无考，但瓜州与敦煌同为丝绸之路重镇，地理位置极为重要。文献记载：3世纪的西晋时期，佛教已传入敦煌，4世纪（十六国时期）莫高窟正式创建。这一时期，敦煌与瓜州都深受佛教的熏陶，建立寺院、开凿洞窟都有可能。但从榆林窟现存的石窟来看，还未见到唐代以前的遗迹。榆林窟现存洞窟中，第28、17窟时代较早，其壁画和彩塑残迹为初唐风格。所以，推断榆林窟开创于初唐时期（7世纪）大致无误。第6窟有高达24米的大佛，也是唐代所建，但经历代重修，佛像的装銮及窟内现存壁画均为后代所作。根据现存遗迹，唐代兴建洞窟有19座，其中绝大部分洞窟壁画为后代重绘覆盖。

天宝十四年（755年）发生"安史之乱"，唐朝被迫调动包括敦煌、瓜州在内的河西、陇右等地军队入援，西北边陲骤然削弱，唐王朝由盛转衰。吐蕃乘虚而入，迅速占领了陇右地区，然后由东向西进攻河西。大历十一年（776年）攻陷瓜州，进而包围沙州，于贞元二年（786年）攻陷沙州。吐蕃在河西统治的军政中心是凉州（今武威）和瓜州，沙州隶属于瓜州节度。吐蕃政权统治瓜沙60余年间，佛教势力迅速膨胀，敦煌设立专门翻译佛经的译场，不断向唐朝求取佛经，还从唐朝延请俗讲僧到河西各地向各汉族聚居区百姓宣讲佛法，中原佛教文化仍不断地对河西产生影响。吐蕃大力提倡佛教，推动了瓜、沙两州莫高窟、榆林窟的兴建。榆林窟现存之第25、15窟即建于吐蕃占领时期。

会昌二年（842年）吐蕃内乱，势力大衰，在河西的统治开始动摇。大中二年（848年）沙州地方大族张议潮乘机率众起义，逐走吐蕃统治者，收复瓜州和沙州等十一州，遣使奉表归唐。大中五年（851年）唐朝在沙州设归义军节度使，册封张议潮为河西十一州节度使。张氏归义军政权恢复唐制，推行汉化，使敦煌的政局得到了稳定。佛教在张氏政权保护下，瓜、沙两州继续营建寺院和石窟。

五代乾化四年（914年），敦煌地方大族曹议金接替张氏政权，在瓜、沙二州六镇重建归义军政权。曹氏归义军政权一直与中原王朝保持着密切往来，接受中原王朝封号，奉中原正朔，利用旧日唐朝在各族人民中的声威，以求在西北各民族中树立自己的正统地位，又以和亲的方式，东与甘州回鹘，西与西州回鹘、于阗政权结好。曹议金及其后继者推行的对外政策不仅使归义军政权在五代宋初复杂的民族关系中得以生存发展，并由此带来相对安定的政治环境，而且还为密切中原王朝与西北地区的联系创造了良好条件，促进了河西地区与西域各绿洲王国的相互友好往来。瓜州在归义军政权下具有十分重要的地位，曹氏政权初期，由曹氏姻亲慕容归盈任瓜州节度使（914—940年），慕容氏开凿了榆林窟第12窟，并绘制《慕容归盈出行图》。此后的瓜州刺史均由曹氏家族的人担任，包括曹元忠、曹延恭、曹延晟、曹宗允、曹贤惠等，使瓜州政治与沙州保持一致。10世纪中叶，北宋建立以后，很多中原僧人经由河西、敦煌，前往天竺（印度）求法，西域僧人也经河西东行传法。敦煌与中原、西域之间佛教文化的交流为曹氏归义军时期佛教的继续兴盛提供了良好的外部条件。曹氏不仅把发展佛教、争取佛教势力的支持作为稳定社会、巩固政权的重要措施，还凭借高度发达的佛教文化来提高曹氏政权在西北少数民族政权中的地位。在这样的背景下，敦煌、瓜州佛教继续保持着强大的势力，这时榆林窟新建、重绘洞窟共28个。

南北朝后期（6世纪末）以来建立于漠北的回鹘汗国，于840年前后解体，其部众分别迁徙到河西、新疆。流散到河西的回鹘，在甘州（今张掖）建立了回鹘政权，其后，沙州地区的回鹘势力在甘州回鹘政权的支持下得到了发展，逐渐形成了一股强大的势力。在曹氏政权晚期，无力抵御西夏入侵，而西夏虽在1036年攻占了瓜、沙等州，但又无力顾及，沙州回鹘趁机控制了瓜、沙地区政权，史称"沙州回鹘"。直到1068年西夏再次攻占瓜、沙地区，沙州回鹘政权灭亡。沙州回鹘和甘州回鹘、西州（今吐鲁番）回鹘一样，都信奉佛教。沙州回鹘统治瓜沙期间继续提倡佛教，榆林窟未新建洞窟，重绘前代洞窟4个，其中原唐代建造的第39窟几乎为回鹘全部重绘。

西夏1036年攻克瓜、沙地区时，就在瓜州设立了西夏监军司（监军司为地方军事指挥机构），管辖瓜、沙两州，将瓜州作为瓜、沙地区的政治中心。党项族为主体所建的西夏王国，东部为汉族的宋朝，西部为回鹘，南部接壤吐蕃，北部与契丹为邻。周边的民族都信仰佛教，所以，党项族很早就接受了佛教。西夏建国（1038年）前后，统治者就大力提倡佛教，曾六次向宋朝求赐佛经，并大兴土木，修建佛寺，还组织翻译、校勘和刻印西夏文佛经。西夏中后期更重视学习藏传佛教，西夏仁宗遣使入藏专门迎请噶玛噶举派初祖都松钦巴。都松钦巴遣弟子藏索哇赍经像来西夏首府兴庆（今银川），被仁宗尊为上师，为之建译场，译藏文佛经。萨迦派第三代祖师札巴坚赞弟子迥巴瓦国师觉本也曾被西夏王奉为上师。当时乌斯藏密教两大教派的高僧都为西夏所重视，因而藏传密教得以影响西夏，并遍传西夏地区。此时榆林窟新建洞窟4个，重绘前朝洞窟5个。

13世纪初叶，蒙古军队多次侵犯河西，1227年攻破沙州，同年西夏灭亡。成吉思汗将瓜、沙等地划归八都大王管辖，瓜、沙两州一度被废。至元十四年（1277年）忽必烈将瓜州、沙州收归中央政府直接管辖，复立为州。至元十七年（1280年）在沙州置沙州路，设置总管府，统管瓜、沙二州。由于瓜、沙二州是连接中原与西域交通的重镇，所以元统治者在此推行屯田，修筑城市，增驻戍军。但元代频繁使用中亚至蒙古的草原之路后，沙州失去了中西交通咽喉的地位。随着元代疆域扩大，沙州也不再具有经营西域的作用，瓜、沙经济衰落下去。元代统治者采用儒释道并用政策，此时瓜、沙地区佛教依然流行。1334年后西宁王速来蛮驻镇沙州，以汉、藏、蒙、梵、西夏、八思巴文六种文字刻六字真言碑，又重修了皇庆寺。榆林窟也保存了这一时期元朝官吏到榆林窟拜佛的题记，部分洞窟还可看到蒙古人的供养像。榆林窟在元代新建洞窟2个，重绘前代洞窟9个。

1368年，明朝建立，元朝灭亡。1404年，明廷在沙州设立沙州卫，瓜州设立赤斤蒙古卫。又在瓜、沙之间设立罕东卫。1479年在沙州故城设立罕东左卫。明朝为防止瓜、沙一带元朝残余势力，在肃州以西修筑嘉峪关，将沙州百姓迁入嘉峪关内。1524年封闭嘉峪关。此后，莫高窟、榆林窟长期处于无人管理的状态。

清朝1718年在安西（今瓜州）、玉门一带设立靖逆、赤斤二卫。18世纪上半叶，清嘉庆、道光年间，佛教徒对榆林窟进行了大规模整修。整修中新建了6个洞窟，重修了30多个洞窟，现存的近200身塑像，除少数几身为唐、五代、宋塑外，其余190身左右均为清塑。

中华人民共和国成立之后，榆林窟与莫高窟、西千佛洞都属于敦煌文物研究所（敦煌研究院前身）的管理范围，研究所设专人日常看管榆林窟，并开始对石窟实施维修保护，对壁画病害进行治理。1961年因榆林窟的突出价值，被国务院列为第一批全国重点文物保护单位。1962年甘肃省人民政府划定了榆林窟的重点保护区和一般保护区范围。为了加强榆林窟的保护管理工作，1986年甘肃省政府批准设立了榆林窟文物保管所，隶属于敦煌研究院，负责榆林窟文物及其周围环境的日常保护、开放和管理工作。

榆林窟开凿于7世纪，历经唐、五代、宋、回鹘、西夏、元、清各代，前后历经1000多年的建造。瓜州与敦煌地域相接，山水相连，文化相同。榆林窟的洞窟

形制、壁画和彩塑、题材内容和艺术风格与莫高窟相近，学术界习惯将榆林窟纳入
敦煌石窟（包括敦煌莫高窟、西千佛洞、瓜州榆林窟、东千佛洞、水峡口石窟、下
洞子石窟、肃北五个庙石窟）体系（图1-4）。可以说，榆林窟与莫高窟共同创造
了敦煌艺术的辉煌。与莫高窟相比，榆林窟又有自身的艺术特点，如吐蕃时期兴建
的第25窟壁画艺术是中国同期壁画中的精华，五代、宋时期，榆林窟新建和重修
的洞窟有28个，是榆林窟的主体。西夏、元代洞窟及其以藏传密教为主的不同民
族的壁画艺术，是中国晚期石窟寺壁画艺术中的精华，补充了莫高窟的不足。榆林
窟艺术保存了丝绸之路中西文化和多民族文化交融的信息，其重要的历史、艺术、
科技价值及其精美的壁画艺术是敦煌石窟艺术宝库中的重要组成部分，在中国中晚
期佛教石窟寺壁画艺术中占有重要地位。

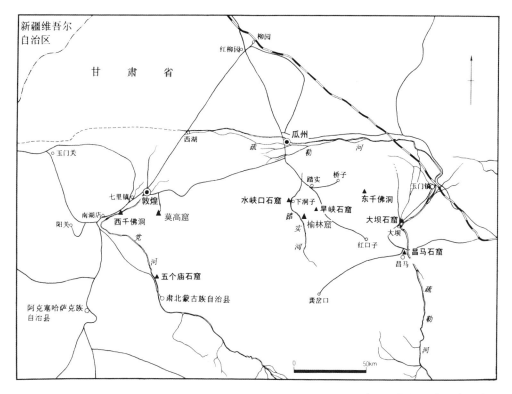

图1-4 敦煌石窟分布示意图

（二）榆林窟壁画的主要内容

　　榆林窟是唐代以后开始营建的。这个时期，莫高窟的营建已有较大规模，并形
成了一定的体系。榆林窟借鉴了莫高窟的一些开窟规范和技法，如中心柱窟、覆斗
顶窟等形式，都是莫高窟已有的。但是，瓜州榆林窟似乎有意要造成与莫高窟有别

图1-5 榆林窟第17窟内景

图1-6 榆林窟第21窟后壁佛背光图案 宋

的特点，如唐代的几个中心柱窟，中心柱下部都有高近1米的台座（图1-5），这是莫高窟中心柱窟没有的。中心柱前顶也没有像莫高窟那样的人字披顶。唐代所造的大佛窟（第6窟）为穹隆顶，也与莫高窟的两座大佛窟不同。五代以后的覆斗顶窟，均在洞窟中心设方形佛坛，却没有莫高窟五代洞窟那样的背屏，有些洞窟较小，往往于后壁画出佛背光（图1-6），这也是榆林窟所特有的布局形式。唐、五代、宋时期的洞窟，大都有较长的甬道，连通前室与主室。西夏、元代的洞窟，受密教影响，往往于洞窟中心设坛，按曼荼罗的形式来构建。这些，都反映出榆林窟营建的一些独特性格。

榆林窟的彩塑所存极少，第6窟的大佛始建于唐代，但历经各时期重修重绘。第28窟中心柱四面龛内的佛像和第17窟中心柱南向面的佛像虽经重修，但在很大程度上保持了唐代彩塑的特征（图1-7）。第31窟中心佛坛上存一身五代菩萨塑像，菩萨头部已失，身体匀称，上身半裸，斜披天衣，身体微向前倾，作游戏坐（图1-8）。这身菩萨造型优美，基本保持了唐代以来彩塑的精神风貌。除以上的彩塑外，现存洞窟中的彩塑多为清代以后重修或重塑。

　　榆林窟的壁画从主题上可分为六类：一、尊像画；二、经变画；三、故事画；四、密教曼荼罗；五、供养人画像；六、装饰图案画。

　　尊像画主要是佛、菩萨、天王以及龙王、飞天等形象。佛像通常以说法图的形式画出，佛在中央说法，两侧分别有佛弟子、菩萨、天王等形象，形成人物众多、气势宏大的形式。也有表现千佛或者表现单独佛像的，如药师佛，往往单独画出。菩萨的形象，主要有文殊、普贤、观音、势至等。其中文殊、普贤多以出行、赴会的形式，表现众多的侍从簇拥而行进在空中，往往又有山水、海浪为背景。这些文殊、普贤赴会图，有的学者也称之为"文殊变""普贤变"。但是，它与唐代以来的经变画如阿弥陀经变、法华经变等不同，没有具体表现某一部佛经的主要内容，而仅仅

图1-7 榆林窟第17窟中心柱南向面坐佛 初唐

图1-8 榆林窟第31窟菩萨像 五代

是作为菩萨的尊像，配合侍从而绘出。观音菩萨是深受中国信众喜爱的菩萨，佛教有"三十三观音"之说，唐代以后的壁画中，千手千眼观音、六臂观音、水月观音等形象很多。特别是水月观音在印度和西域的石窟中没有，是中国式的观音形象。画史记载水月观音为唐代画家周昉所创，此后，水月观音就十分流行。榆林窟西夏时期第2窟的水月观音，表现的是观音菩萨在山水竹石之间。把中国的山水画与佛教的菩萨结合起来，意境清新，具有很高的艺术水平。天王也是尊像画中重要的项目，通常在洞窟的前室绘于南北两侧壁，或者是门的两边，表现天王威武的神情，体现出天王镇守佛国的精神。五代北宋的洞窟还往往于门两侧画出龙王及眷属的形象。

经变画是壁画中内容最丰富的一类，唐宋时期的弥勒经变、观无量寿经变、法华经变、维摩诘经变等气势恢宏，场面宏大，以巍峨的宫殿建筑表现佛国世界，以世俗人物的形象，表现佛国世界的各种生活场面，使佛国世界富有人间气息。特别是榆林窟第25窟的观无量寿经变中生动活泼的乐舞场面、弥勒经变中耕作和婚嫁的场面，第33窟的维摩诘经变中弈棋的场面，等等，真实地反映了当时的社会生活，成为经典性画面。第33窟梵网经变是古代壁画中较少出现的题材，表现大乘戒律思想，具有重要意义。另外，一些题材，如报恩经变、地狱变、目连变以及救苦拔难的观音与地藏菩萨图像等也反映出佛教与中国传统儒家、孝道思想之间的交流与融合，以及中国佛教的进一步世俗化。总之，经变画的内容极其丰富，艺术成就也很高，在以下各窟的内容中，将会详细讲解。

故事画的题材，主要有佛传故事、佛教史迹故事等。佛传故事，是各时期佛教艺术中最常见的内容。五代时期的一些洞窟，往往以屏风画的形式表现佛传故事，如第36窟南北两壁下部各有10扇屏风，现在仅存南壁9扇和北壁1扇。每扇屏风画出两三个画面，表现乘象入胎、树下诞生、步步生莲等几十个有关释迦牟尼从诞生到涅槃的详细内容。与莫高窟同时期第61窟的联屏佛传故事可以相比较，互为补充。同时期的第33窟则是以降魔内容为中心，在两侧以条幅的形式来表现佛传故事，这一形式可能借鉴了观无量寿经变的构图形式。第39窟的儒童本生的单幅画表现形式，在敦煌晚期石窟中仅此一例，从构图形式与风格来看，显然是受高昌回鹘壁画的影响。佛教史迹故事画，表现的是佛教历史上一些高僧的传说故事，往往在一幅画面中，组合了较多的故事内容。如第33窟南壁的佛教史迹画，以于阗牛头山为中心，表现了刘萨河因缘、毗沙门天王决海、优填王造像等众多的故事。

密教曼荼罗是榆林窟壁画中较有特色的内容。唐代以后，密教开始流行，榆林窟第25窟的八大菩萨曼荼罗是敦煌壁画中较早出现的同一题材内容。从中唐到五代的曼荼罗壁画上可看出印度波罗王朝佛教艺术风格的影响。西夏和元代，由于受藏传佛教的影响，藏密的金刚界曼荼罗和胎藏界曼荼罗较多地出现在壁画中，如第2、3、4、29窟等，洞窟中央设坛，就是按曼荼罗的思想来布局的。榆林窟壁画中的曼荼罗形象，对于研究早期藏传佛教艺术具有重要的意义。

供养人是指出资修建洞窟的人，各时代的洞窟都会在一定的位置画出供养人画像。而供养人像由于是表现真实的人物，因而具有特别的历史文化价值。榆林窟唐代供养人已不存，五代洞窟中保存了大量曹氏家族的供养人像，如曹议金、曹元忠等形象，尤其是第12窟还画出了当时的瓜州刺史慕容归盈的出行图。晚期的洞窟中还保存了大量的回鹘、西夏、蒙古等少数民族的供养人形象（图1-9、图1-10）。而伴随这些供养人出现的文字题记，有汉文、西夏文、回鹘文、蒙文等，为我们提供了许多珍贵的历史信息。其中第16窟所绘曹议金和夫人、甘州回鹘公主供养像及题名，第35窟所绘曹延禄夫人、于阗公主供养像及题名，第15窟首次出现的新的西夏国名"梅那国"题记，第29窟第一次出现西夏文书写的有封号与姓名的国师称号"真义国师昔毕智海"，第19窟甘州画师、住户高崇德，第35窟"施主沙州工匠都勾当画院……"以及第29窟一家四代供养人及大量的西夏官职题名等，皆是研究这一时期丝绸之路沿线各民族历史活动和相互交往历史的真实记录，具有突出的史料价值。

图1-9 榆林窟第29窟西夏女供养人（霍熙亮临摹）

图1-10 榆林窟第6窟元代蒙古族供养人

（三）榆林窟艺术的价值

榆林窟丰富的佛教壁画艺术，反映了人物画、山水画、装饰图案艺术的高度成就，并形象地反映了音乐舞蹈艺术、建筑艺术和科技成就。

榆林窟壁画以佛像画为主，佛像画是指表现佛、菩萨、弟子、天王及飞天等佛教诸神的形象。虽说是造神，但表现出的还是世俗人物的形象，丰富多彩的佛、菩萨、弟子等形象表现出古代人物画水平，特别是把众多人物与建筑、风景组合在一起的经变画取得了极高的艺术成就。如吐蕃时期的第25窟弥勒经变、观无量寿经变以广阔的山水树木和建筑场景表现佛国世界，构图宏大，色彩鲜艳，空间关系的处理完善，人物众多，菩萨、天人等形象神态各异，特别注意人物的表情、眼神等细节的刻画，富有个性。第16窟的劳度叉斗圣变、第32窟的维摩诘经变以及第35窟的文殊变和普贤变等都反映出画家对远近空间及环境的表现水平以及对不同人物性格的塑造。第2、3、29窟壁画以多种线描技法，表现出文殊、普贤等众多富有人间气息的菩萨形象。第29窟的供养人肖像，形象写实，体形健壮，面形长圆，具有西夏民族人物的特征。第3窟经变画中绘结构复杂的建筑界画和注重线描的人物画反映出新的时代风格，特别是文殊变、普贤变中的大幅水墨山水图景，山势雄奇、水波浩渺、树木掩映、云横雾绕，反映出两宋时期中国山水画中流行的风景构图形式和水墨画技法。传世的古代水墨山水画多为纸本，像这样大幅水墨山水壁画可以说是世所罕见（图1-11）。第2窟的两幅水月观音图以对角线构图，表现出月光下坐在岩石上的观音菩萨形象，把中国传统山水画的意境与佛教主题相结合，创造了

图1-11 榆林窟第3窟普贤变中的山水画 西夏

幽静、典雅、空灵的宗教艺术境界。第4窟密教的说法图，表现出受藏传佛教艺术及印度波罗王朝风格影响的人物造型表现手法。第2、3窟新出现的"唐僧取经图"，亦为同类壁画题材最早者，是对玄奘取经故事的神话式演绎与创造。

在装饰艺术方面，榆林窟各时期洞窟的窟顶藻井、佛背光及边饰等图案都有完整的设计与绘制，并体现出不同时期的艺术风格。其中西夏的第2、3、10窟和元代第4窟的藻井较为突出，图案多以青绿色彩为主调，并有贴金相配合，风格典雅而华丽，纹样中出现了工字纹、六出龟纹、四斜球纹等，与北宋时期的建筑学著作《营造法式》所记录的建筑纹样完全吻合，反映了当时中原传来的新装饰风格。第3窟和第10窟的图案中还有动物与植物组合的新纹样，如狮子、飞马、凤凰等动物与莲荷、牡丹、石榴等植物组合的纹样，构思独特而绘制精美。第10窟藻井图案的装饰纹样层层相间，竟达10多层，表现出无限丰富灿烂的效果。

榆林窟壁画中还描绘了古代乐舞形象，这些表现佛国世界的乐舞图实际上反映了当时人间的乐舞。壁画中的乐器形象，表现了吹、打、弹、拉不同乐器类别的乐器器型。如吹奏类乐器的横笛、竖笛、风笛、筚篥、排箫、笙、海螺、埙等，打击类乐器有手鼓、羯鼓、大鼓、拍板、钹、钟等，弹拨类乐器有琵琶、筝、凤首琴，拉弦类乐器有胡琴。其中第10窟飞天乐伎斜弹琵琶的姿势和方法与今天的弹奏法相同。第3、10窟绘有大小四把胡琴，类似今天的坠胡琴，是壁画中胡琴之最早者（图1-12）。壁画还表现了演奏乐器的姿态动作、乐队的乐器组合配置，如第25窟观无量寿经变在舞伎的两侧，有8名乐伎组成的乐队为其伴奏，再现了古代音乐演奏场

图1-12 榆林窟第10窟演奏胡琴的伎乐天 西夏

面。榆林窟壁画的舞蹈形象，包括巾舞（长袖舞）、腰鼓舞、执琵琶舞等。第25窟观无量寿经变中的舞伎击鼓而舞，第33窟壁画中有单人长袖舞，第19窟有长袖舞与琵琶舞对舞。这些舞蹈形象在一定程度上再现了唐代宫廷乐舞的场面。长袖舞是中国的传统舞蹈，五代时出现长袖舞，表明受中原舞蹈文化的影响。第38窟壁画中还表现了生活气息浓郁的婚宴俗乐舞。榆林窟壁画的舞乐形象，在一定程度上记录了古代特定地区乐舞发展的脉络，是研究古代乐舞的重要资料。

图1-13 榆林窟第3窟南壁 观无量寿经变（局部）西夏

榆林窟壁画中保存了较多的建筑史形象资料，第25窟观无量寿经变描绘的净土寺院，大殿和配殿等建筑群，为传统的中轴线对称和封闭式廊院的平面布局。西夏第3窟精美的观无量寿经变和天请问经变的净土寺院，与中原宋、金建筑风格十分相似，前面和后面均有并列的三座殿堂，用回廊相连，庭院两侧各有一座对称高耸的楼阁，建于近岸之水池中。此外还有佛寺、城垣、住宅、殿堂、楼阁、塔等各类建筑形象（图1-13）。第14、21、22窟前室壁画描绘仿木构三间四柱窟檐的檐柱、斗拱、木枋、阑额的彩画，白墙红柱，柱子以青绿色束莲联珠纹装饰，以代真实的木构窟檐。建筑结构的细部，如台基、台阶、柱枋、斗拱、门窗、栏杆、屋顶、脊饰、瓦饰等，也有丰富的形象资料。榆林窟和莫高窟壁画中拥有丰富的建筑史资料，这在其他石窟寺是不多见的。

榆林窟壁画有反映古代科技成果的珍贵形象资料。第35窟炽盛光佛中表现黄道十二宫和七曜图，反映出古代对天象的认识；第25窟弥勒经变的耕种收获图，形象地反映了唐代农业生产场面，图中还表现了犁具、篓、镰刀、六齿叉、木柄长扫帚等农业生产工具。榆林窟第3窟壁画中绘有斧、锯、锛、墨斗、矩尺、铲、耙、锄、簸箕、木斗、木升、铁钳、铁锤、熨斗、剪刀等生产工具。同窟壁画中还有粮食加工的踏碓图，使用时踏碓者手扶架杠，用足踏动杆板舂米，地上固定有能自由转动的轴木，当人踏动轴木上杆板时，轴木可随着杆板灵活转动，以提高舂米效率。

图1-14 榆林窟第3窟东壁 锻铁图 西夏

同窟壁画中表现打铁的场面（图1-14），风箱前两名工匠手执铁锤、铁钳在铁砧上锻铁，有竖式梯形双扇木风箱，风箱上装有两个活动盖板，当推拉风箱时两活门交替开闭，扇动盖板来鼓风吹火，风箱之后的火炉在熊熊燃烧，这反映了当时较为先进的鼓风技术。同窟壁画还绘有酿酒图，图中灶台上安放着一套层叠覆压的方形器皿，妇女在灶前添薪，炉膛内火焰炽烈，灶台顶部的烟囱冒烟，表现了正在酿酒的场面。画面灶台上这套层叠覆压的方形器皿是用于蒸馏的蒸馏器，这是现存最早的烧酒蒸馏器图，被公认为在古代世界科技史上有重要价值的形象资料。正是西夏先进的冷锻技术和鼓风技术，造就了历史上名噪一时的"天下第一"的西夏宝剑。

榆林窟还保存了数量非常可观的西夏文、回鹘文及回鹘蒙文题记。其中，在16个洞窟内保存有148行、800余字西夏文题记；在25个洞窟内保存有190多条、590余行回鹘文题记。如第29窟列男性供养人画像之首的"真义国师昔毕智海"像，是西夏王国出现最早用西夏文字书写、有确切姓名和封号的国师题名及画像。他是西夏王国弘扬华严宗诸法师当中名列首位的大师。同窟的"瓜州监军司""沙州监军司"等的职官画像及其西夏文题记，为国内罕见的西夏监军司的珍贵资料。第15窟西夏文题记"南方阁普梅那国番天子国王大臣……"，"南方阁普"即南赡部洲，而"梅那"指西夏王国主体民族"木雅"。这种以族称国仅见此一例。回鹘文题记中出现了河西藩王"高昌回鹘王和尚、安定卫宁王卜烟帖木尔"（蒙古人，为今甘肃裕固族安姓之祖先）等提名很值得关注，为我们提供了丰富而重要的已消逝王国的民族历史文化信息。第 2、3、10、29、39 诸窟现存约 100 余身回鹘和西夏供养人画像，他们鲜明而别具特色的人物形象、衣冠服饰和发式等，为已消失的民族文化提供了生动鲜活的形象资料。其中第 29 窟供养侍从的秃发像，为人们确切解读赵元昊于建国前夕所颁布的"秃发令"提供了翔实可靠的形象资料。

总之，瓜州榆林窟内容丰富、艺术精湛，且保存完好，为中国中晚期佛教石窟寺壁画艺术的杰出代表。

榆林窟窟前的文物建筑共存 20 座（图 1-15），可分为两类：一类是佛塔，塔内有壁画和彩塑，呈四边形、六边形、八边形、覆钵式（宝瓶式）；另一类是塔形化纸楼，呈小塔形式，在塔腹中留有空间，顺着塔顶有烟道，供人在窟前焚香烧纸。这些建筑大多建于清代，也有个别建于元代。这些塔绝大部分属于生土建筑，仅有少数是土木结构。塔的建造方法主要是用黏土制成土坯，垒砌塔身，然后用软泥塑造外形，再在泥层上用白灰抹面，防止雨水冲刷。

图1-15 榆林窟东崖外景

第二章 唐代的石窟艺术

第二章　唐代的石窟艺术

榆林窟开创于 7 世纪的初唐，根据留存残迹推断，唐代建窟 19 个，几乎布满了东崖第 6 窟大像窟以北上层洞窟的所有崖面，并包括西崖的半数洞窟，说明有唐一代，在榆林窟有较大规模的营建。可惜唐代洞窟绝大部分为后代重建重绘所覆盖，第 28、17 窟尚能看到初唐壁画和彩塑的残迹，第 6 窟为大像窟，虽经历代重绘，但彩塑大佛仍然保持唐风。中唐兴建的第 25 窟壁画保存较为完整。

第 6 窟

位于东崖中部，约建于唐前期（7—8 世纪），为穹隆顶大像窟，是榆林窟最大的洞窟（图 2-1）。洞窟前有窟檐建筑，有甬道与主室相通，窟檐与外面的院落相连，形成寺院的结构。现存的院落是嘉庆年间彩绘佛像时所建。古代石窟前有建筑殿堂的情况很普遍，如在莫高窟第 130 窟大佛窟前就有规模较大的殿堂遗址。第 6 窟唐代建成时，窟前也应有殿堂建筑。在主室前壁上部又有一券顶明窗，外接平顶前室，前室前有券顶甬道通向外面。

主室甬道为券顶（拱形），顶上为元代补画千佛。南壁西侧唐代画文殊变 1 铺；西侧宋代画净土变 1 铺，上沿现存宋代画的边饰、垂幔和二身飞天，东端残存宋代绘画一角。北壁西侧是唐代画普贤变 1 铺（东侧毁），西端上沿残存唐代绘制的数身千佛。

主室通高 25.55 米、宽 18.5 米，进

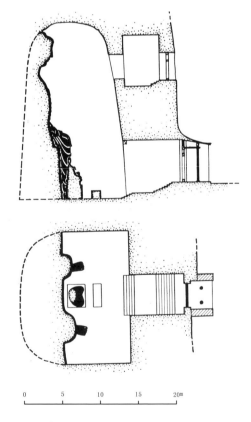

图 2-1 第 6 窟平、剖面图

深 7.3 米。主室为穹隆顶，窟身平面为椭圆形。窟顶有五代时所绘制的圆形卷瓣莲藻井，但是井心的大部分已毁坏。藻井垂幔下，北侧是宋代绘制的二身飞天，西侧是西夏绘制的一身飞天，南侧是宋代绘制的二身伎乐飞天。

民国初年在此窟进行了一些营建，主要是砌筑中心佛坛，并塑大肚弥勒，坛前塑宝瓶莲珠成龙门形双龙盘柱，柱上塑造的八仙分立两侧。又在南壁塑普贤坐岩石像及一小像，北壁塑文殊坐岩石像和一小蹲狮。

正壁（东壁）塑 24.7 米高的倚坐弥勒大佛，是榆林窟的第一大佛，高度仅次于莫高窟第 96 窟（高 35.5 米）和第 130 窟（高 26 米），也是敦煌石窟中的第三大佛。弥勒佛像面相丰满、比例适当、衣纹流畅、气势恢宏（图 2-2）。唐代有建造弥勒大佛的风气。武则天当政期间，薛怀义与僧法明等僧人为了讨好武则天，伪造了一部《大云经》，经中有一句话："一佛没七百年后，为女王下世，威伏天下。"然后二人又作《大云经疏》呈给武则天，疏中甚至说：武则天就是弥勒下世，理应做"阎浮提主"，"当代李唐，入主天下"。武则天非常喜欢。公元 690 年，武则天登基称帝后，自称"慈氏越古金轮圣神皇帝"，并下令全国颁布《大云经》和《大云经疏》，

又令各州县建大云寺，造弥勒佛像。在这样的形势下，全国都开始营造大佛，不少大佛至今还存在，如四川的乐山大佛和莫高窟第 96 窟大佛都是这个时期营造的。由于缺乏文献资料，我们不能确知榆林窟第 6 窟是不是武则天时代所造，但从初唐的历史情况来看，在全国营造弥勒大像的风气影响下，如果榆林窟也营建了大佛，是可以理解的。

佛的绛红色袈裟和石绿色的袍服以及面部贴金均为清代嘉庆年间装銮；背光、项光虽经宋代、西夏补绘，但大部分毁坏。巨大的背光图案和华美的窟顶莲花藻井，加之四壁布满充满生机的石绿色千佛，通过从明窗直射进来的光线，使整个窟内流光溢彩、金碧辉煌。此窟壁画被历代一再重绘，

图2-2 第6窟弥勒大佛 唐

现存壁画绝大部分是五代、宋代的，也有少量西夏和元代的，但唐代的洞窟形制未改。

西壁上部的明窗为券顶（即拱形顶），顶部五代时绘制的千佛大半被毁，西夏时期又做了补绘；北壁上部和西侧分别是西夏补画的四臂观音和观音立像各一身，中部残存五代时回鹘装和汉装女供养人各一身；南壁上部东侧五代画不空绢索观音一身，西侧为宋代补画的四壁观音一身，中部宋代画曹元忠、曹延禄供养像。

明窗前室平面为方形，平顶残存宋代十方佛，部分经元代补绘。东壁窗南宋代画普贤变一铺，窗北宋代画文殊变一铺。明窗前室南壁宋代画净土变一铺，下部为赴会菩萨六身及行脚僧。前室北壁宋代画净土变一铺，其下赴会菩萨六身及帝释天。前室西壁门上宋代画千佛，门南宋代画说法图一铺，下部元代画男女供养人两铺，门北上部宋代画说法图一铺，下部元代画男女供养人两铺。元代的供养人画像都是一身男供养人与一身女供养人对坐在低矮有靠背的床上，身穿蒙古族服装；男供养人头戴宝冠，垂辫髻，身穿比肩交领窄袖长袍，脚蹬靴子；女供养人头戴顾姑冠（也叫姑姑冠、罟罟冠），冠顶高耸，身穿交领窄袖长袍，是元代上层社会的贵族人物。

第 28 窟、第 17 窟

榆林窟有三座中心柱窟，分别为第 28 窟、第 17 窟和第 39 窟。中心柱窟的形式在中国北朝时期的佛教石窟中十分流行，莫高窟北魏时期的洞窟几乎全部是中心塔柱窟。北魏的中心柱窟结构大体是：洞窟平面为纵长方形，在洞窟中央靠后部分设方形中心塔柱，塔柱直通窟顶，在中心柱的四面开龛造像；洞窟前部为人字披顶，后部为平顶。这样的形式是模仿并改造印度塔庙窟的形式而建成的。中心塔柱窟在北魏、西魏、北周都比较流行，到隋唐时期出现了较大的改变。莫高窟隋朝和初唐的中心柱窟往往规模较大，正面不开龛，而造大型立佛，与洞窟两侧壁的立佛构成三佛形式；但窟顶前部仍保持人字披的形式。而榆林窟的中心柱窟则有所不同。这三座中心柱窟形制大体一致，都是在主室中央设中心塔柱，窟顶沿中心柱向四壁略呈倾斜的坡面。中心柱四面开龛，在中心柱的下沿还造出塔座。这些特点是莫高窟中心柱窟没有的，可以说是榆林窟的特色。第 39 窟壁画由于被后代重绘较为彻底，已看不到唐代的痕迹，但其洞窟结构形式与第 17 窟完全一致，大小也差不多，应与第 17 窟开凿的时间大体相同。而在第 17 窟中心柱西向面和南向面龛内却残存初唐风格的壁画，南向面龛内佛像也体现着初唐塑像风格。第 28 窟则保存了更多的初唐壁画与彩塑遗迹，所以推测榆林窟这三座中心柱窟都是初唐所建。

第 28 窟位于东崖上层北侧，前部已塌毁。洞窟应是坐北朝南，南面为正面。但中心柱南向面塑像经后代重修，壁画也大多残毁。保存较好的有中心柱北向、东向、西向三龛内的彩塑佛像各一身和部分壁画。

　　中心柱东向龛内彩塑坐佛虽经清代重修，但其造型、姿态、坐势、袈裟与束腰莲座仍能看到其初唐彩塑风格。壁画内容有佛像的身光、项光与左右胁侍菩萨、弟子、飞天等。坐佛身后壁面所绘火焰纹身光和卷草纹项光，纹样生动华丽；胁侍菩萨、弟子和上方飞天比例适度、体态自然、面相丰满、体格健壮。菩萨宝冠巍峨，颔下加三级纹，容貌娴雅，神情庄静（图2-3），这些特征均与敦煌莫高窟初唐壁画风格特征无异。

　　中心柱北向龛内塑造立佛一身，虽经后代重修重绘，但仍保持着初唐风范（图2-4）。这种在中心柱背面塑立佛的造型在莫高窟并未出现，但在莫高窟几个唐代洞窟的中心柱背面出现了绘制大型立佛的造型，与塑像的意义相同。由于倚靠的背景大多数是绵延起伏的山岭，因而又称为倚山像。此窟立佛以浮雕形式塑造，左手抓衣领抱于胸前，右手自然下垂，两脚自然分开，造型古朴，神态安详，比例适度，身体略显后仰地倚壁站立。

图2-3 第28窟中心柱东向龛内菩萨与弟子 初唐　　　　图2-4 第28窟中心柱北向龛倚山佛 初唐

第17窟保存有较完整的前室、甬道，长长的甬道直通到崖壁外，可知古代在崖壁外应有栈道相通。前室为方形小室，东、南、西、北的四壁保存宋代壁画，都是在中间位置绘制净土变或飞天和赴会菩萨，接近窟顶的上部绘制垂幔，接近地面的下部绘制壶门供宝。

主室呈方形，中心柱设在正中。中心柱四面各开一圆券形龛，龛内各存一身佛像，均为唐塑，但经清代重修：西向龛（正龛）和北向龛内为跏趺坐佛，南向龛内为倚坐佛，东向龛（背面龛）内塑立佛。这种塑像构成与第28窟、第39窟完全一致。中心柱南向面和东向面的佛像大体保持了原作的风格，如南向龛内的佛像结跏趺坐，神情庄严，面部及衣纹造型写实，袈裟下沿从莲座上自然垂下。头光的中心为对凤纹，外沿为缠枝卷草纹，背光内层为卷草纹，外层火焰纹与卷草纹交织（图2-5）。这些纹样均以青绿色为主，色泽明快，是典型的初唐装饰风格。

主室窟顶回鹘改修补画部分橼格图案，前部西披残存五代绘制的团花图案。东、西、南、北四壁的中部位置宋代绘制赴会菩萨、净土变和飞天，上部靠近窟顶的一圈全部绘制垂幔，下部接近地面的四壁画壶门供宝。

在第17窟的甬道南壁有三行刻画的题记（图2-6）：

图2-5 第17窟中心柱南向龛 佛头像及项光

大清光绪三十三年五月廿一日

湖南湘阴县蒋资生与

英国总理教育大臣司代诺当幕游

历到此

在第 17 窟主室甬道北壁（东起第三身菩萨身后）也有四行用铅笔书写的题记：

大清光绪三十三年五月廿一日

湖南长沙府湘阴县蒋资生与英国总理教育大臣司

代诺当幕

同游历□□（到此）

这两处题记记述的内容基本相同，书写题记的时间也应该相同，从题记的叙述口气上推测，应该是蒋资生所书写，记载了敦煌历史上的一件大事。

题记中所讲的司代诺（Marc Aurel Stein，1862—1943 年），后来通译为斯坦因，英籍匈牙利人，1887 年来到

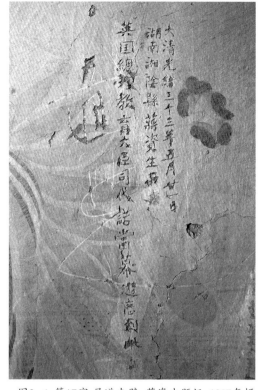

图2-6 第17窟 甬道南壁 蒋资生题记 1907年摄

英属印度，被任命为拉合尔东方学院校长、加尔各答大学校长等职。在英国和印度政府的支持赞助下，他从事了四次中亚考古探险工作，主要对我国新疆和田的尼雅遗址、古楼兰遗址、敦煌周围古长城遗址、敦煌莫高窟、瓜州榆林窟等古代遗址进行了大量非法挖掘，获得了数量巨大的古代文物。1907 年，也就是斯坦因正在进行他的第二次亚洲腹地考古探险（这次从 1906 年开始）时，听说敦煌莫高窟藏经洞发现了大量的古代写卷，这件事促使他迫不及待地赶到敦煌一探究竟。1907 年 3 月，他首次来到敦煌，在经历了很多艰难曲折之后，最终，他从愚昧无知的王道士（王圆箓）手中骗得了写卷 24 箱、绢画和丝织品 5 箱，加上他后来第三次中亚探险时从王道士手中非法购得的 500 多件敦煌写卷，这两次盗得敦煌写卷总共有 1 万多件，还有大量的绢画、佛像和丝织品等。也就是说，敦煌莫高窟藏经洞出土的 5 万多件写卷中的 1 万多件被斯坦因运往国外，现藏于伦敦的英国博物馆、英国图书馆、印度事务部图书馆和新德里的印度国立博物馆。除了盗劫骗购写卷，斯坦因还拍摄了莫高窟壁画的很多图片，也做了很多考古记录。1907 年 6 月 13 日，斯坦因一行抵达瓜州，然后进入榆林窟，对壁画和外景进行了拍摄。第 17 窟的这两处题记所

记的时间都是清光绪三十三年五月廿一日，换算为公元纪年时间是 1907 年 7 月 1 日，说明他们在榆林窟停留的时间是在 7 月 1 日前后。这也是斯坦因一伙人在敦煌以至中国进行文化掠夺时留下的最直接的罪证之一。

题记中还把斯坦因称为英国总理教育大臣，查斯坦因的经历，并没有担任过所谓"英国总理教育大臣"一职。清政府于 1899 年 5 月给斯坦因第一次中亚考察所发的护照的头衔是"司代诺学者""司代诺博士"，并没有"英国总理大臣"的称谓。为什么第二次护照的头衔有变呢？我们循着斯坦因第二次考察前后的活动可以找到一些原因。斯坦因第一次考察结束后，向英属印度政府申请第二次探险时，于 1904 年给印度西部边境政府写了一份信，要求当地政府给他申请护照时，"在护照上明确地提一下我的官职显然是很有用的，因此我希望能尽力地提请大英国王陛下驻北京公使馆将注意力放在这一要点上来"。这是因为经过了第一次中亚探险考察后，他对当时的清朝政府和社会现状有了更多的了解，明白了身份和职位在清政府所统治的中国能给他带来很大的便利。最终，在当时的英国驻北京大使萨道义的操作下，斯坦因的护照头衔变为了"英国总理教育大臣"。而且萨道义为斯坦因向清政府申请护照时说斯坦因是"印度的总理教育大臣"，而不是"英国总理教育大臣"，这显然是清政府外务部官员所犯的错误。在英国牛津大学包德利图书馆，还收藏着斯坦因的这份中文护照，全文为：

护照

外务部为发给护照事。

准大英国驻京大臣萨（道义）函称"准印度政府咨称：本国总理教育大臣司代诺请照游历新疆在案，现拟明春复派由印度携带从人前往新疆、甘肃、陕西等省考查古迹，请缮发护照"等因，本部为此缮就护照一纸，并盖印标朱讫，送交大英国萨大臣转给收执。所有经过地方官，于司代诺持照到境时，立即查验放行，照约妥为保护，毋得留难阻滞，致干查究，切切。须至护照着。

右给大英国总理教育大臣司代诺收执。

光绪叁拾壹年（1905 年）捌月拾贰日。

他的这一虚夸的头衔加之护照上注明的"所有经过地方官，于司代诺持照到境时，立即查验放行，照约妥为保护，毋得留难阻滞，致干查究，切切"这一说明，使得斯坦因在中国西部进行文物考查和非法掠夺文物时畅行无阻。但是有一点我们一定要注意，清政府在护照中注明的是"考查古迹"，并没有给斯坦因挖掘以至于非法掠夺中国文物的特许。虽然斯坦因是经中国政府批准合法入境的外国考察人员，但是他的非法挖掘、破坏和掠夺中国文物的性质永远是不会变的。

斯坦因不懂中文，这就需要一位翻译，于是有了蒋资生的出场。

蒋资生（？—1922 年），又名蒋孝琬，俗称蒋师爷，湖南湘阴人，清光绪年间来到新疆，曾在县州衙门任师爷。什么是师爷？明清地方官制中除了"三班六房"（"三班"指快、壮、皂，为杂役；"六房"指吏、户、礼、兵、刑、工，办理具体事务），还要有许多有才识的社会贤达协助自己处理各种事务，这些人被称为幕僚、幕客、幕宾、幕友或师爷。斯坦因第二次中亚考察来到新疆时，正在新疆莎车衙门任职的蒋资生经英国政府驻疏勒（新疆喀什）代表马继业推荐，被聘为斯坦因的中文翻译兼助手，为斯坦因在中国疏通人际关系、探寻文物古迹、处理日常事务、记录整理文物做了大量的工作。斯坦因能够从王道士手中骗得大量的藏经洞写本，蒋资生起了极大的作用。从中国文化发展史的角度看，蒋资生是一个文化的罪人，是斯坦因盗劫中国文物的帮凶。

第25窟

　　位于东崖上层北侧，约为吐蕃占领瓜州（776 年）以后建造。此窟为前后室，前室之前有进深较长的前甬道。前室平面横长方形，一面披顶，经过较短的后甬道进入主室（后室）。主室为平面方形的覆斗顶窟，中央设方形佛坛，坛上仅存主尊彩塑像一身，为结跏趺坐像，但经清代重修，其余彩塑已毁（图 2-7）。壁画的主要内容有：前室门上残存有毗沙门天王赴哪吒会，门南和门北分别绘南方天王和北方天王。主室窟顶壁画大部分脱落，残留有千佛；正壁绘密宗八大菩萨曼荼罗经变；北壁绘弥勒经变；南壁绘观无量寿经变；前壁门两侧分别绘文殊变、普贤变。

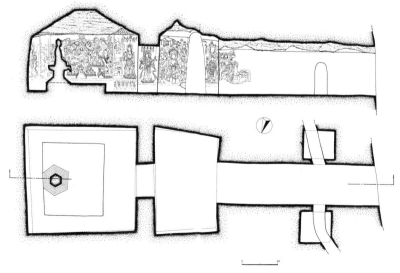

图2-7 第25窟平、剖面图

图2-8 第25窟北壁 弥勒经变 中唐

　　北壁的弥勒经变，是依据《弥勒下生成佛经》绘制的，整铺壁画以"弥勒三会"为主体（图2-8）。正中的初会场面规模最大，是画面的中心，龙华树下弥勒佛倚坐说法，广度众生，初会度人九十六亿，皆得罗汉果位。弥勒外披右祖袈裟，内着中国式对襟襦，法华林菩萨和大妙相菩萨左右胁侍，天龙八部和听法圣众围绕四周。弥勒身后是碧绿的龙华树，头顶是装饰华丽的宝盖，宝盖的顶端是被多层莲台托起的摩尼宝珠，上方是须弥山，左右两侧两身飞天翩翩起舞。前面有儴佉王"罄舍诸珍宝，祈心慕出家"的场面。翅头末城国王儴佉王把自己的镇国七宝台呈献给了下生的弥勒，弥勒接受了七宝台之后又把它施舍给了婆罗门。众婆罗门得到七宝台之后立即把它拆毁，每个人分割部分宝物带走。弥勒眼看如此美好的七宝台转眼间化为乌有，于是深悟人生无常的道理，便在龙华树下修道成佛。这就是弥勒下生成佛的缘由。儴佉王见证了弥勒成佛后，遂率领王公大臣、王后太子、宫女佣人等八万四千人纷纷发愿出家。画面的正中下部表现的正是这个情节：画面中阁楼的顶部已经拆除，能清楚地看清内部的建筑结构，但是五六个婆罗门人并没有善罢甘休，仍然在拆毁阁楼。初会的供案上和供案两侧，陈列着儴佉王的七宝：轮宝、象宝、马宝、珠宝、女宝、藏宝、兵宝。供案上中间是摩尼宝珠（珠），左为金轮宝（轮），右有一宝函，即藏宝（藏）。供案右侧有一白象和一女子，即象宝（象）和玉女宝（女）；左侧一匹白马和全副武装的将军，即马宝（马）和兵宝（兵）（图2-9）。

　　在初会的西侧下角，是弥勒三度法会中的第二会，袈裟摆放在案上，比丘静坐听法，前面是着唐代俗装幞头靴袍的男剃度者，第二会说法度俗众九十四亿。第二会的对面就是第三会，比丘尼合十听法，前面是女剃度者（图2-10），度俗众九十二亿。第二会和第三会左右对称、构图一致，都是弥勒佛居中，慈眉善目俯视众生；两大菩萨肃穆庄严侍立左右；天王力士怒目圆睁紧随身后，天王利器高举，虬髯飞动，一副威武庄严之势，与温和恬静的菩萨形成鲜明对比，更突出了天王的惩恶、菩萨的扬善职责。说法图前的案几上摆放着香炉，床后的僧人整齐列坐，床上放置着净瓶、剃度落下的长发和出家后穿戴的袈裟。前方是正在剃度的场面。二会、三会与初会组成"品"字形构图，是弥勒经变的主体。

经变的中心是"弥勒三会"，在周围的画面中则描绘出佛经所记的相关故事：在壁画的右上角，描绘了大迦叶献袈裟的场面，这也是弥勒经变中非常重要的一个情节。弥勒说法后率四众前往耆阇崛山，到耆阇崛山后，弥勒像开启城门一样用双手劈开此山，禅定了500年的大迦叶醒了过来，从山洞走出来，向弥勒行礼跪拜，献上袈裟。袈裟是释迦牟尼临终前交给弟子大迦叶，让他交给未来佛弥勒的。画面周围溪流淙淙，古树参天，草木掩映，禅窟错落，山石奇崛，环境优雅。大迦叶凿岩石而修禅，束茅草而休憩（图2-11）。

佛经中说：在弥勒世界，人们生活很幸福，农民一种七收，用力甚少，收获颇

图2-9 第25窟北壁 弥勒经变中的马宝、兵宝 中唐

图2-10 第25窟北壁 剃度图 中唐

图2-11 第25窟北壁 迦叶献袈裟 中唐

多，路不拾遗、夜不闭户，树上生衣、随意取用，人寿八万四千岁，女人五百岁出嫁，等等，这些内容都在壁画中表现了出来。在大迦叶献袈裟故事的下面，表现的是一种七收场面（图2-12）。画面中一男子头戴斗笠，身穿长袍，双手扶犁，正在犁地，一黑一黄两头健壮的耕牛正在拉动插入土地的木犁前行。这就是中国传统的所谓"二牛抬扛"的耕作方式。男子身后有一位妇女正在往犁过的地里播撒种子。侧面的一男子站立着用镰刀收割庄稼，远处一男子手持木叉正在扬场，一妇女用扫帚把粮食扫到一起。画面中把从耕种到收获不同时间段的场面都表现了出来。妇女身后有一僧人为一俗人讲经。整个画面充满了浓郁的生活气息，是表现唐代农业生产生活的珍贵资料。

在耕获图下面，绘的是老人入墓（图2-13）。佛经说：弥勒之世，当人们活到八万四千岁时，就自己到提前建造好的墓园去等待死亡（人命将终，自然行诣冢间而死），没有痛苦。壁画描绘的是一座墓园，一位身穿白色长衫的老者坐在墓室入口，右手拄拐杖，左手拉着一位用手帕拭泪的妇女的手，这位妇女身后还站着两位妇女，也表现出依依惜别的样子。墓园入口站着一位女童和一位穿灰色长衫的白胡子老者，他们也是送别老人的；白胡子老者搓手嗟叹，好像是面对这一幕有很多感慨似的；老人面前匍匐着一个稚气的童子，正在跪别，童子左侧的一位男子掩面哭泣，表现

图2-16 第25窟南壁 观无量寿经变 中唐

音菩萨和大势至菩萨作为两大胁侍菩萨分列两侧，圣众围绕；下部平台上的舞伎击鼓踏足，翩翩起舞，分列两侧的乐队分别演奏着拍板、排箫、横笛、箫、琵琶、笙、筚篥、法螺等乐器。舞伎身边还有一身迦陵频伽也手挥琵琶，神情专注（图2-17）。乐舞场面是净土变中的重要内容，为表现西方极乐世界的美妙生活，通常都在佛说法的场面前描绘音乐舞蹈的场面。这样颇具规模的音乐演奏场面，反映了唐代宫廷音乐的盛况。从舞伎的表演中，我们可以想见唐代文献所记当时流行的"胡腾舞""胡旋舞"等舞蹈的形象。极乐净土有七宝池、八功德水，殿宇巍峨，宝树成行，百鸟和鸣。画面右侧的白鹤和迦陵频伽与画面左侧的孔雀和共命鸟为西方极乐世界增添了祥和神秘的色彩。迦陵频伽人头鸟身，双翅张开，两腿细长，体似仙鹤，正演奏乐器；站在一边的仙鹤亮翅回头，驻足观看，似乎被美妙的音乐所吸引而流连忘返（图2-18）。佛经也记载说："山谷旷野多有迦陵频伽，出妙声若人若天。"共命鸟一身双头，其他身体形象与迦陵频伽相似。共命鸟身边的孔雀似乎正在应着美妙的节拍而翩翩起舞，体现出西方极乐世界的美好场面。

"未生怨"讲了一个因果报应的故事：古印度王舍城的国王频婆娑罗王年老无子，非常着急，便请来相师算命。相师告诉国王，山中有一道人，死后会来投胎。国王求子心切，安排手下断绝了道人进出山中的道路，饿死了道人。国王苦苦等待时日，

图2-17 第25窟南壁 伎乐 中唐　　　　图2-18 第25窟南壁 共命鸟和孔雀 中唐

仍不见王后有孕，又请来相师算命。相师说：道士投生的时候还未到，现在化为白兔了。国王派人到山林围捕了所有的白兔，并用铁钉钉死。不久，王后果然有孕，生下后取名阿阇世。由于是老年得子，国王和王后非常宠爱王子。阿阇世长大成人后，一日出游归来，心生恶念，发动政变，篡夺了王位，将其父频婆娑罗王幽闭于七重深牢，并断绝食物，欲将其饿死。王后韦提希夫人惦念国王，以探监的名义去见他，实际上将蜜面涂在身体上、将葡萄汁灌在璎珞中，偷偷带给国王充饥。国王食用了蜜面和葡萄汁，二十一天后仍然安然无恙。阿阇世感觉事情蹊跷，便让人暗中查看。当阿阇世知道是母后所为后，盛怒异常，当即钉死了父王，并持剑欲弑母。在两位大臣的苦劝下，才放弃了杀母，改为囚禁。韦提希被幽禁后，百思不得其解，终日憔悴，只好向佛祈福。佛和目犍连、阿难两位弟子现身王宫，为其讲述过去现在的因缘。壁画中"未生怨"故事画在净土图的右侧，采用连环画的形式，由下而上，分别表现阿阇世王子兵变抓走国王、王后探监、王子欲弑母、王后礼佛、佛为其讲过去因缘等场面（图2-19）。与未生怨画面相对的净土左侧，同样以条幅的形式画出"十六观"的内容（图2-20）。这是表现佛向韦提希夫人指点摆脱尘世烦恼的途径——"十六观"。这"十六观"是往生西方极乐世界的法门，具体指：日想观、水想观、地想观、树想观、池想观、总想观、华座观、像想观、佛身观、观世音菩萨色身像观、大势至菩萨色身像观、普想观、杂想观、上辈生想观、中辈生想观、下辈生想观。其中上、中、下三辈生想观细分为上品上生、上品中生、上品下生、中品上生、中品中生、中品下生、下品上生、下品中生、下品下生，共九品，通称"九品往生"。是指进入净土世界的等级，因其生前的功德果报不同而有差别，这也真实而明确地指明了修行的途径，在唐代佛教信仰中十分流行。"九品往生"有时被直接画在净土变的七宝池中。观无量寿经变通过西方净土图，表现佛国世界的无比富足美好，对广大百姓有很强的吸引力，而且像"十六观"这样具体的修行方法，

图2-19 第25窟南壁 未生怨 中唐

又给人们提供了通向彼岸的具体途径。因此，《观无量寿经》等宣扬净土世界的经典深受欢迎，而观无量寿经变也流行于寺院和石窟壁画中。

正壁绘八大菩萨曼荼罗，中央是主尊卢舍那佛，着菩萨装，两侧各绘四身菩萨，但南侧的壁面已毁，仅剩北侧四身菩萨。八大菩萨曼荼罗通常是以卢舍那佛为主尊，周围分别绘观世音、金刚手、弥勒、虚空藏、普贤、文殊、除盖障、地藏八位菩萨像。这一题材在敦煌壁画中流行于晚唐五代，第25窟的八大菩萨曼荼罗是同类题材中出现最早的一铺。现存壁画中只有北侧的菩萨保存下来，包括地藏菩萨、虚空藏菩萨、文殊菩萨、弥勒菩萨。菩萨分别坐在莲花座上，均有近似椭圆形的头光和圆形身光，头束高髻，戴宝冠，卷发披肩，人体比例匀称，肩宽腰细，肌肉丰满，袒裸上身，斜披天衣，胸饰项圈，臂饰臂钏，下穿紧身长裤。此画以遒劲流利的铁

图2-20 第25窟南壁 十六观 中唐

线描刻画形象，造型严谨，描绘细腻，色调柔和，具有印度波罗王朝的绘画风格特征，表明在唐代后期，印度的新艺术风格继续影响着中国。

西壁门的南北两侧对称绘制文殊变和普贤变。北侧的文殊变中，文殊菩萨上部有华丽的华盖，左手持如意，仪态悠闲地坐在狮子宝座上。左右两身胁侍菩萨面含微笑，持幡随行，文殊身后还跟随着一身菩萨，神情宁静。而文殊的坐骑狮子则狮口大张，似乎正在怒吼，狮头及狮腿上的狮毛都卷曲着，一副桀骜不驯的样子。牵狮的昆仑奴跨开双腿，双手使劲拉紧了缰绳，但仍然表现出力不从心的样子。画面中四身菩萨的平和宁静与狮子和昆仑奴的愤怒紧张形成了很有情趣的对比（图2-21）。南侧的普贤变坐骑为白象，白象低垂着鼻子，两耳下垂，一副温顺的样子；而驭象者则高举笞杖，正在驱赶着慢条斯理的大象。两铺壁画中，狮子毛发卷曲，白象耳朵低垂；狮子狮口大张，大象低垂着鼻子；昆仑奴紧拉缰绳，驾驭象者持杖驱赶；狮子使用缰绳牵引，而大白象索性没有缰绳。通过这些对比，两种动物的性格特点被活灵活现地表现了出来（图2-22）。

图2-21 第25窟西壁北侧 文殊变 中唐　　　　图2-22 第25窟西壁南侧 普贤变 中唐

　　文殊、普贤和释迦合称"华严三圣"。在造像中，作为释迦牟尼的胁侍菩萨，文殊和普贤常一左一右列坐于两侧。文殊专司智慧，表大智；普贤专司理德，表大行。文殊骑青狮，以狮子的勇猛，表示菩萨的智慧威猛；普贤菩萨的坐骑是六牙白象，以示威灵。

　　前室东壁南北分别绘制南方天王和北方天王（图2-23）。南方天王头戴盔帽，身穿战袍，右手持剑，左手扬掌，跨步踩鬼，神情庄重，夜叉、天女紧随左右。南方天王，音译为"毗琉璃"，意译为增长天王，是佛教中守护南方之天神。南方天王的左侧有一条用汉、藏、回鹘文书写的游人题记，其中有"光化三年十二月廿二日，悬泉长史"的文字。从这条墨书题记我们得知，光化三年（900年）时，榆林窟已经疏于管理，游人可以随意在壁画上涂写，表明第25窟建窟的年代不晚于公元900年，为判断此窟的建造年代提供了依据。题记也说明瓜、沙二州六镇之一的悬泉镇，在光化三年的晚唐时期已经存在。

　　东壁北侧绘北方天王，头戴宝冠，怒目圆睁，身着吐蕃装甲胄，左手托五柱空心塔，右手持三叉戟，座下压着两只夜叉鬼，身后跟随侍从（图2-24）。北方天王，音译为"毗沙门"，意译为多闻天王，是佛教中守护北方之天神。北方天王的北侧是随行护法的毗沙门天王的二太子形象，左手托宝珠，右手握宝鼠，头披大虫皮（虎皮），作虎口含头的样子。吐蕃人把虎皮叫大虫皮，也叫波罗皮，用虎皮缝制的衣帽是吐蕃人表彰英雄的服装："贵人有战功者，生衣其皮，死以旌勇。"莫高窟中唐第205窟佛坛北侧的天王塑像与此相同。莫高窟吐蕃时期的供养人题记中也有"大虫皮康公之女"的记载。佛典《毗沙门仪轨》记载：公元742年，大食（现在的伊朗一带的阿拉伯帝国）、康（现在的乌兹别克斯坦撒马尔罕一带）等五国军队围攻瓜州，瓜州城告急，应瓜州之邀，毗沙门天王立即派遣自己的二儿子独健率领天兵天将援救瓜州。独健一行三五百人身着铠甲，腾云驾雾般神速抵达瓜州后，鼓角大鸣，声震百里，地动山崩，云雾蔽日。敌营中的弓弩弦被金鼠咬损，器械损断，尽不堪用，五国大惧，皆退军。手握金鼠是独健的形象特征。

图2-23 第25窟前室东壁南侧 南方天王 中唐

本窟壁画在艺术上达到了较高的成就，特别是弥勒经变和观无量寿经变以完美的空间构成形式，把建筑、山水风景与众多的人物结合在一起，创造出空旷辽阔的境界。人物均为中国面貌，唐人衣冠，以线描造型，继承了唐代吴道子一派的兰叶描法，简练准确，圆润流畅。画家通过人物动态、面部表情，特别是眼神来体现不同人物的性格和内心情思。色彩上以青绿色为主调，表现出典雅、清淡之美。此窟壁画是唐代壁画艺术的重要代表作。

图2-24 第25窟前室东壁北侧 北方天王 中唐

第 15 窟

此窟中唐开凿，主室为覆斗顶，中央设佛坛。佛坛上现存的塑像均为清代重修，四壁的壁画经宋代重绘，东壁中央的佛光图案较有特色，佛背光一直延伸到窟顶东披，在窟顶东披画出圆形的头光图案，表明宋代在佛坛上所塑的佛像较大。壁画设色清淡，图案明快。西壁门两侧分别绘文殊变和普贤变。令人注目的是文殊与普贤的坐骑狮子与白象均为正面形象，这是五代、北宋时期榆林窟文殊变与普贤变较流行的画法，在莫高窟没有出现过。

前室和前甬道壁画都是中唐原作。前室北壁画一身天王，赤裸上身，不着甲胄，身饰璎珞、臂戴臂钏，头冠高耸，发披两肩，双目圆睁，面相威严，右手持棒，左手握着一只口含宝珠的貂鼠，作游戏坐坐于金刚宝座上，身后有菩提双树，上部有华盖和椭圆形头光和背光映衬，四身飞天翩翩起舞（图 2-25）。这身不同于以往造型的天王正是藏传佛教系统四大天王中的多闻天王。多闻天王居四大天王之首，是镇守北方的护法神，是古代敦煌、于阗以及中亚一带最受崇拜的神灵，尤其在西藏民间宗教和藏传佛教信仰中有着重要的地位。藏传佛教中的多闻天王的标志为吐宝兽或猫鼬（俗称黄鼠狼），常常手持三叉戟或宝瓶。多闻天王手中的持物为鼠，是受到了吐蕃人带入西域的吐宝兽和于阗神鼠传说的影响。右侧的力士身体健硕、肌肉发达、穿戴虎皮衣帽。前室南壁与北方天王相对画的是南方增长天王，身着甲胄，表情温和，皮肤白净，双手持箭，弓弩挎在左臂上，似乎正欲弯弓搭箭（图 2-26）。脚下的两只小鬼因忍受不了身上的负荷面露痛苦挣扎之色。天王身后的夜叉兽面人身，身体裸露，

图2-25 第15窟前室北壁 天王及侍从 中唐　　　图2-26 第15窟前室南壁 天王及侍从 中唐

獠牙外出，头发蓬松卷曲而向后飘散，左手举于额前作遮挡瞭望状，右手于胸前抱箭袋，整个身体肤色呈火焰色，就连头发也是火红色，一副愤怒恐怖的样子。

前室东壁南侧还有一身天王像，其装束与前两身有所不同：身着长身甲，胸前系人面护胸镜，头戴花蔓冠，腰佩长剑，左手持竖立于地的长戟，身后有如牛角状的圆光，两腿自然分开正面站立，左右前后没有任何侍从。

第15窟前室共绘制了四身天王，但大小不等，规模悬殊，风格迥异，可能是不同时期所画，但是为什么他们都很热衷于绘制天王呢？这是因为中唐时期的瓜沙地区已经失去了往日的安宁，绘制天王菩萨是为了祈求平安幸福。

前室东壁北侧的菩萨，项饰璎珞，头戴三珠宝冠，左手平伸托宝珠，左臂自然弯曲，右手自然下垂，手长过膝盖，飘带绕双臂一周，肩宽腰细，下身穿羊肠裙，神态悠闲自然地站立在莲花上。

前室东壁南侧有一身地藏菩萨，头有圆光，身披袈裟，为男性僧人形象（地藏除了光头僧人形外，还有披帽形）。地藏菩萨，全称是"幽冥教主地藏王菩萨"，略称"地藏王菩萨"或者"地藏菩萨"，因其"安忍不动犹如大地,静虑深密犹如秘藏"，故得此名。这里的"地"指大地、土地，"藏"指储藏、含有之义，这是比喻地藏菩萨犹如大地一样，蕴藏着无数善根种子。据《地藏菩萨本愿经》记载：地藏菩萨以现世利益为中心，发出"土地丰饶、家宅永安、先王升天、现存益寿"等十益本愿，而且曾经发过宏愿："众生度尽，方成菩提；地狱未空，誓不成佛。"被誉为"大愿地藏"，与"大智文殊""大行普贤""大悲观音"一起，合称为中国的四大菩萨。佛经记载：地藏菩萨受释迦牟尼佛的嘱托，在释迦牟尼佛灭度之后、弥勒佛降生之前的无佛之世留驻人间，守护佛法，代理佛职，救度众生。地藏菩萨则辗转奔波于地狱、饿鬼、畜生、阿修罗、人间和天上六道间，救度众生。从地藏的身上引出六朵彩云，每朵彩云上站立着一位六道中的形象。壁画用非常形象的方式解释了六道轮回以及地藏的主要职责。据说，凡有情众生诵念地藏名号，供奉其像，就能得到救助，死后也不入地狱受苦，可在六道轮回中免去地狱、饿鬼、畜生三途。地藏和观音菩萨都是救苦救难的大菩萨，他们的主要区别是地藏以超度亡灵为主，观音以解救人世间的活人为主。据有关佛典可知，阎罗王实际是地藏的化身。

前室顶的中部坍塌，但在顶部的南北两侧各保存了一身非常漂亮的飞天。飞天是指佛教诸天，是地位略次于菩萨的天人。他们常常在佛讲经说法时从天空中散花，或歌舞奏乐供养。北侧的飞天神情悠然，飘带云卷云舒，随风上扬，表明飞行速度较慢。飞天一手执箜篌、一手抚弹（图2-27）。这个箜篌是非常独特的凤首箜篌。飞天弯曲的身姿加上带有圆形弧度的箜篌，给画面一种曲线和柔韧之美。如此境界，不由让人想起古诗"目送归鸿，手挥五弦"。

窟顶南端的飞天躯体丰腴、表情温婉、目视前方，正专注地吹奏着横笛，飘带状如波浪在身后翻滚，表现出一种演奏音乐的氛围。

图2-27 第15窟前室顶北侧 飞天 中唐

第三章 曹氏归义军时期石窟艺术

第三章　曹氏归义军时期石窟艺术

归义军成立于晚唐时期，缘于 848 年张议潮领导敦煌人民起义，推翻了吐蕃的统治，并相继收复了瓜州、肃州、甘州等河西十一州。公元 851 年唐王朝封张议潮为归义军节度使，统领河西十一州，而沙州（敦煌）和瓜州就成了归义军的政治文化中心。张氏家族执掌归义军政权一直持续到唐末。公元 907 年，张承奉得知唐朝灭亡后，自称白衣天子，建立西汉金山国。但由于政治、军事的失利，西汉金山国很快覆灭。914 年张承奉死，州人推举曹议金为帅，曹议金去金山国号，仍奉中原王朝正朔，恢复归义军旧制。曹氏家族的曹议金、曹元德、曹元深、曹元忠、曹延禄、曹宗寿、曹贤顺子孙五代相继掌握瓜沙归义军政权达 120 多年（914—1036 年），称为曹氏归义军时期。比照中原的朝代，曹氏归义军前期相当于五代，后期相当于北宋。此时的归义军势力范围已缩小，仅有瓜、沙二州了。但曹氏统治者一方面奉中原王朝正朔，努力争取中原王朝的承认，曹议金掌握归义军政权后，即奉表向当时的朝廷报告，争取中原王朝的册封，从而取得合法的统治地位；另一方面对东部强大的回鹘王国和西部的于阗国采取联姻和亲的政策，稳固了周边的形势，从而保持了归义军时期的长期和平。曹氏政权仿效中原设立专业画院，从事开窟、造像、绘画，石窟由画院匠师统一规划、集体制作，使此时的佛教艺术具有独特而统一的风格。榆林窟在曹氏归义军时期建窟 11 个，继唐代石窟建于东崖第 6 窟大像窟之南的上层洞窟崖面和西崖，还重绘唐代洞窟 17 个。

第 12 窟

本窟位于榆林窟东崖南端，建于五代，清代重修。有前后室，前室为一面披顶，南北壁各设马蹄形佛坛。主室为覆斗形顶，平面为方形，沿东壁与南北壁后部设马蹄形佛坛。甬道南壁画四身男供养人像，根据题记可知前面一人为当时的瓜州刺史慕容归盈。北壁画五身女供养人像，前面一人为慕容归盈的夫人曹氏。主室窟顶为覆斗顶，藻井井心毁，四披画飞天、千佛，千佛中各画说法图一铺。东、南、北壁佛床上清塑药王像等九身塑像。东壁画十大弟子、八大菩萨、帝释、梵天。南壁西侧画药师经变一铺，下画慕容氏出行图，东侧画梵天、天龙八部、天王神将、夜叉。北壁西侧画西方净土变一铺，下画慕容夫人曹氏出行图；东侧画帝释、天龙八部、天王神将、夜叉。

从供养人像及出行图可知，本窟是五代时期瓜州慕容氏家族开凿的功德窟，也是榆林窟现存壁画中唯一绘制大型出行图的一个洞窟。该窟主室甬道南壁供养人东向第一身题名"皇祖检校司空慕容归盈"，对应的南壁所绘女供养人的题名是"曾皇妣曹氏一心供养"，前室甬道南壁东向第一身题名"敕授墨离军诸军事知瓜州刺史检校司空……"。

慕容归盈出行图位于主室南壁下部，从南壁下部东侧起首，一直延续到西壁甬道南侧（图3-1）。慕容归盈夫人曹氏出行图位于主室北壁下部，从北壁下部东侧起首，一直延续到西壁甬道北侧。由于壁画漫漶不清，题记和画面细节很难辨认，加之南、北壁东侧和东壁被清代增修的佛床所遮挡，所以出行图很不完整，但我们仔细辨认，依然可以辨认出部分情节。慕容归盈出行图中的人物大多穿圆领袍衫，头戴展脚幞头；慕容归盈夫人曹氏出行图中的曹氏骑高头大马，头戴花冠步摇。两图的先导都持大旌、执戈握矛，鼓乐者、舞蹈者紧随其后，使臣、男僚、女侍等随从人员列队行进，人物众多。

从构图上看，榆林窟第12窟慕容归盈夫妇出行图显然是模仿莫高窟第156窟张议潮夫妇出行图和莫高窟第100窟曹议金夫妇出行图，张议潮和曹议金都是归义军节度使的身份，而慕容归盈只是瓜州刺史，因而所绘制的出行图规模要小得多。

慕容氏家族在归义军政权中为官多年，而且有些身居要职。公元914年，曹议金掌握归义军政权后，作为曹议金的姐夫，慕容归盈不久就被任命为瓜州刺史，曾在瓜州任刺史长达20多年，是活跃于五代时期瓜沙一带的世家大族和一股重要的社会政治力量。

莫高窟第256窟主持修建者就是慕容归盈夫妇，供养人中绘制了慕容贵隆、慕容中盈、慕容言长等成员。到了宋代，慕容言长与其夫人阎氏对第256窟进行了重修。慕容言长是慕容归盈的孙子，为玉门使君、检校官至尚书左仆射。慕容归盈的另一个孙子叫慕容保实，就

图3-1 第12窟南壁　慕容归盈出行图（局部）　五代

43

宝后，善友打发恶友和五百随从返回，自己和盲导师继续前进。又前行了二十一天，到达了银山，盲导师由于年老体弱，加上整日奔波，体力不支，最后把行路的方向告诉善友后去世了。善友太子只身前进。又经过了四十九天的跋涉，历经了千辛万苦，终于到达了龙王所居的七宝琉璃城。善友在龙女的带领下来到龙宫。龙王被善友的精神所感动，立即取出宝珠，奉送太子，并把善友送到岸边。

善友刚上岸，就遇见弟弟恶友。原来恶友船载过重，归途中遇到大风浪，船覆宝沉，五百壮士一同葬身大海，仅恶友一人活了下来。善友听后非常悲痛，对恶友述说自己的经历。恶友得知善友已经取回了如意宝珠，非常嫉妒，他趁善友熟睡后，用竹刺刺瞎了善友的双眼，夺取宝珠，匆匆逃走了。

回国之后，恶友谎称归途中大船倾覆，善友、盲导师和五百壮士全部葬身海底，自己历尽艰辛才逃了回来。国王和王后听说这一噩耗，肝肠寸断、痛不欲生，责骂恶友自私自利，不顾兄弟情分，自己独自逃命。恶友遭到责骂，心怀怨恨，一怒之下将宝珠埋到地下。

再说善友被刺双眼从疼痛中惊醒，以为是强盗所为，他强忍着疼痛呼喊着，四处寻找恶友。树神不忍心目睹这一幕，将实情告诉了善友。当得知遭到自己的亲弟弟暗算时，善友几乎昏厥过去。这时，迎面过来了一群牛，头牛走到善友身边，用四蹄护住善友，等牛群过尽，然后移足，用舌头舔出了善友眼中的竹刺。牧人将善友救醒，善友见牧人家中贫困，不想再增加负担，便告辞了。善友带着牧人为他制作的琴，于街头弹琴卖艺为生。后来，流落到利师跋国。国王的皇宫后园，树木茂盛，果实丰硕，但常遭鸟雀啄食。守园人见善友双目失明又流落街头，非常同情他，就雇他到园里赶鸟。闲暇之时，善友就弹琴解闷。利师跋国的公主美丽善良，从小就许配给了波罗奈国的善友太子。一天，公主信步来到园中，被善友如泣如诉的琴声所吸引，便常常到园中听善友弹琴。当她得知了善友的遭遇后，不禁潸然泪下，深深地同情这个纯真善良的盲人。日子久了，公主与善友相互产生了爱慕之情。公主决定要嫁给善友，国王无法阻拦，只得答应了女儿的请求。婚后很久，公主才得知这位盲人就是波罗奈国的王子善友，而两位年轻人的爱情也感动了天帝，使善友的眼睛复明。国王立刻鸿雁传书，告知波罗奈国国王。波罗奈国国王夫妇非常高兴，立即派遣人马去利师跋国迎接太子夫妇归来，同时把恶友关进了监狱。善友请求父王宽恕恶友，将恶友从监狱中接出。恶友见此情景，羞愧难当，立即将宝珠挖出来交给善友。于是，善友太子把如意宝珠供奉在香案上，焚香奏乐，顶礼膜拜，祈求宝珠将吉祥和幸福降给人间。一切众生所需之物皆从空中而降，从此人们过着美满幸福的生活。

榆林窟第 19 窟的报恩经变中央绘佛说法场景，四角绘制孝养品、恶友品、议论品和亲近品四个主要故事，体现报恩经变中的孝养、善行、报国和惩恶的主题，是这一时期流行的构图形式。

西壁门两侧分别绘文殊变和普贤变。文殊变采用了当时所谓"新样文殊"的画法，给文殊菩萨牵狮的昆仑奴变为于阗国王，这可能是当时从于阗传来的样式（图3-10）。这样的画法最早出现在莫高窟第220窟甬道的五代壁画中，从该壁画的发愿文中，我们知道了有于阗国王形象的文殊变称为"新样文殊菩萨"。五代时期莫高窟与榆林窟出现新样文殊变，反映了曹氏政权与于阗国的密切关系。本窟的新样文殊变中还画出了五台山图。五台山在今山西省，古代名为清凉山，因山有五顶，所以叫五台山，很早的时候就被认为是文殊菩萨的道场，北魏以后山上的佛事很盛。唐代以后，武则天及后来的皇帝均遣使到五台山送供，更提高了五台山的威望。唐后期五台山建有十大寺院，另有若干小型寺庙等。唐代已有人画出五台山图流传于世，历史记载：长庆四年（824年）吐蕃专门派人向唐朝请求五台山图；开成五年

图3-10 第19窟西壁门南 文殊变 五代

（840年）日本高僧圆仁到五台山巡礼时，汾州和尚议圆请画师画五台山图送给圆仁带回国供养。于是，五台山图东传至日本，西传至吐蕃。敦煌莫高窟吐蕃时代的第159窟最早出现了五台山图，可能就与吐蕃遣使求五台山图有关。莫高窟五代时期第61窟出现了长达13米的五台山图，而与此同时，榆林窟第19窟、第32窟均在文殊变中画出五台山图作为背景，反映了五台山信仰在五代时更加流行。本窟的五台山图是作为文殊变的背景画出的，左上部山中画出一些寺院和僧人以及上山拜佛的信众，还有金五台化现、金刚化现、金龙化现、佛足化现等场面。画面右上部画出佛头化现、佛手化现、金桥化现、金钟化现以及佛陀波利见文殊菩萨化现老人的场面。佛陀波利是来自印度的僧人，据说他第一次来中国（676年）时就上五台山，在山中遇见一位白衣老人问他："你是从印度来的佛陀波利吧？你带来《佛顶尊胜陀罗尼经》了吗？此地的信众很需要这部经典。"说毕忽然不见。佛陀波利突然明白，这位白衣老人就是文殊菩萨化现的，于是匆匆赶回印度。当他从印度返回第二次来到五台山时，已是永淳二年（683年）。佛陀波利如约带来了佛经，这部佛经由日照三藏法师与杜行恺等人翻译成汉语，流行于中国。佛陀波利的故事与五台山关系密切，所以在敦煌壁画五台山图中多绘这一故事。本窟壁画中，画出一白衣老人拄杖立于山中，似乎在讲话的样子，老人前面有一个和尚双手合十，面对老人，和尚显然就是佛陀波利。

第32窟

本窟位于榆林河西崖南端，是五代时期开凿的一个中型洞窟，洞窟形制为覆斗形殿堂窟，中央设中心佛坛，佛坛上现存清代跏趺坐佛一身（图3—11）。前室坍塌不存，只残存少量的壁画。主室窟顶四披绘千佛，千佛中央绘制多宝塔各一铺，西南角画月光明如来，东北角画日光明如来，西南角残存婆薮仙一身，西北角残存北方天王一身。西壁（正壁）画梵网经变，下部绘壶门供宝16个；南壁画劳度叉斗圣变，下部现存壶门供宝12个，东侧绘制画匠供养人四身，西侧开凿穿道；北壁画维摩诘经变，下部现存壶门供宝14个，东侧开凿穿道。东壁门上画一佛二菩萨，门南画文殊变，门北画普贤变，下部各画男女供养人十二身。

西壁绘制的梵网经变是本窟的重点（图3—12）。敦煌石窟共发现梵网经变三铺，除本窟外，还有五代时期莫高窟第454窟和莫高窟第456窟。"梵网"之得名，据该经的解释是：释迦牟尼在摩醯（xī）首罗天宫时，看到诸大梵天王的网罗幢，感叹道："无量世界犹如网孔，一一世界各不相同，别异无量。佛教门亦复如是。"《梵网经》是大乘佛教戒律方面的重要经典，表现卢舍那佛所说的"十重戒"和"四十八轻戒"。敦煌莫高窟藏经洞出土的与梵网经变直接有关的经卷有两种，共34件，其

图3-11 第32窟内景

图3-12 第32窟西壁 梵网经变（局部） 五代

中《梵网经卢舍那佛说菩萨心地戒品第十卷下》30件，《梵网经卢舍那佛说菩萨十重四十八轻戒》4件，这些经卷为敦煌石窟中的梵网经变的绘制提供了方便。五代时期，中原王朝更替频繁，时局不稳，加上曹元德、曹元忠时期许多从中原经敦煌西行求法的僧人中，有些很少研习佛教经义，不遵守佛教戒律，行为庸俗丑陋；有些破除戒律、贪图私利。面对这种局面，瓜州地方统治者除了加强武力护卫，确保丝绸之路通畅，还在石窟寺中创作了大幅戒律经变，以加强对僧侣和信徒的教化。梵网经变就是这种背景下的产物。

《梵网经》经文一开始就描述卢舍那佛坐在莲花台藏座上说：我住在莲花台藏世界，台藏世界周围有千叶，一叶是一个世界，

图3-13 第32窟西壁中央 梵网经变中卢舍那佛 五代

所以有一千个世界。我化现成一千个释迦居住在这一千个世界里；一叶世界又有百亿四天下，因而释迦又化现成千百亿个释迦。这一千个花朵上的化佛就是我的化身，千百亿释迦就是千释迦的化身。壁画中，卢舍那佛头上出现的化佛，就是他化现的千释迦（图3-13）。佛上方云朵中的化佛和莲座花瓣上的化佛，是梵网经变的主要特征之一。

本窟是敦煌石窟中所绘梵网经变最为周详者。画面中，卢舍那佛居于画面中央，正在宣讲佛教戒律（菩萨心地戒品）。佛的四周是佛的侍从以及争先恐后前来听法的菩萨、金刚、比丘、比丘尼、国王、王子、梵天、天王、帝释、僧众、帝王、日月天子、贫困老幼和禽兽六畜等。画家以不同的位置、服饰、动态表现了不同身份人物赴会听法时的不同情绪。画面下部绘制了血淋淋的场面，有挖眼的、割耳的、剜鼻的、截舌的、砍手的、斫足的、抽肠的、剖腹的等，表现自残伤身的方式，都是对犯重戒者的惩罚，不画戒律的内容，只画惩处的结果。这些触目惊心的血淋淋

的场面更能给观者以铭刻在心的印记，对僧俗信众更加直白地劝诫。我们来看这个细节：一位身披袈裟的比丘坐在高高的长凳上，右手举着斧子正在砍自己的右腿，膝盖以下的右腿赤裸着，鲜血顺着膝盖下面的伤口正在喷涌而出，整个场面惨不忍睹。僧人面前蹲着一人，双手端着一个盘子（图3-14）。这个画面就是僧人犯了十重戒的第六戒后，自己惩罚自己的场面。所谓的十重戒是：

一、杀戒：不但人和一切有情众生（包括动物乃至于浮游生物等），甚至连有生长意义的草木等都不能无故折损。

二、盗戒：这里的"盗"包括偷和抢两方面。

三、淫戒："淫"指的是男女有染的行为，意思是出家人要断绝一切爱欲，内心不能有任何邪念歪想，更不能有淫欲之想。

四、妄语戒：意思是说话要有真凭实据，不能口吐虚妄不实、未得证明的话，更不能欺骗和撒谎。不能不见言见、见言不见。常听说的"出家人不打诳语"即是妄语戒。

五、酤酒戒：包括造酒和饮酒两个方面，因为酒后容易乱性、容易颠倒是非、容易失去理智，甚至丧生失命，所以坚决戒酒。

六、说四众过戒：什么是四众？出家男女二众、在家男女二众，合起来就是佛教的四众。出家男众又叫比丘，俗称僧人；出家女众又叫比丘尼，俗称尼姑。把出

图3-14 第32窟西壁 梵网经变（局部） 五代

59

家男女二众统称为沙门或桑门。在家修行的男众叫优婆塞，又称为近侍男；在家修行的女众叫优婆夷，又称为近侍女。把在家修行的男女二众统称为居士（居家修道之士）。"说四众过戒"的意思是：不能指责比丘、比丘尼、优婆塞和优婆夷的过错。也就是俗话所说的"静坐常思己过，闲谈莫说人非"。

七、自赞毁他戒："自赞"就是赞叹自己的长处和功劳，"毁他"就是讥讽、诋毁他人的短处和过失。"自赞毁他戒"的意思就是既不能自赞也不能毁他，而应该好事与他、恶事向己。

八、悭惜加毁戒："悭惜"意思是爱惜吝啬的意思，佛弟子应该布施钱物、施法（佛法）众生，使钱财流通于民，使佛法流传于世。如有贫者来乞，随其所需，一切给予，不得悭吝爱惜财物、不肯施舍。

九、瞋心不受悔戒："瞋心"是指心含怨恨以至于仇恨在心，发于面目，使其身心不能安宁。这是出家人必须戒除的。若有人触犯了这一条，对方知过向其忏悔，但内怀瞋恨，也不接受对方的忏悔和谢罪。这也是必须要戒除的。

十、谤三宝戒："三宝"指佛、法、僧，出家人不得诽谤以及教人诽谤佛、法、僧三宝。

十重戒中的前五戒杀戒、盗戒、淫戒、妄语戒和酤酒戒是佛教对在家居士的五条最基本戒律，称为五戒。这五戒加上"不眠坐高广华丽之床""不装扮、打扮及视听歌舞""不食非时食"（就是正午过后不吃饭）这三戒，就是佛教的八戒，也叫八斋戒，这八条戒律也是对在家居士的要求。这八条戒律再加上"不捉钱金银宝物""不着华鬘好香涂身"两条，就是佛教对小沙弥（小和尚）和小沙弥尼（小尼姑）的十条戒律，即佛教的十戒。对五戒进行扩展，对身、口、意做更严格的约束，就是佛教的十善。修十善业是生天的基本要求，但只能修到忉利天。

佛教戒律森严，对不同修行层次者有不同的要求，对每一个层次修行者也有着非常严格的要求。十重戒加上四十八轻戒，是对大乘菩萨修行的要求。四十八轻戒是对菩萨行为更细致的一些约束、要求，在此不一一列举解释。四十八轻戒中的"劝放生、禁止食肉、禁止食五辛（'五辛'是指大蒜、葱、慈葱、韭菜、兴蕖）、禁止名利私欲"以及对日常礼仪的规定等，均给后世以极大的影响。

北壁通壁绘维摩诘经变（图 3-15）。维摩诘经变是敦煌石窟中常见的经变题材，仅莫高窟就有 68 个洞窟绘制这一内容。敦煌石窟中，维摩诘经变最早出现于莫高窟的隋代洞窟，此时大多是在佛龛两侧分别画维摩诘和文殊菩萨；唐代及以后就非常盛行了，画面人物更多，规模更大，内容更丰富，情节更复杂，场面更宏大，而且有些是通壁构图，有些是在门的两侧分别画维摩诘和文殊菩萨。维摩诘经变是根据《维摩诘经》绘制，经文讲：维摩诘是中印度毗舍离城（吠舍离城）一个非常富

图3-15 第32窟北壁 维摩诘经变 五代

有的长者，他家财万贯，妻妾成群，生活豪华。虽然如此，但却一心奉佛，通晓大乘佛教的义理，是个神通广大而又能言善辩的居士。他以各种方式教化众生，常常出入市井里巷和青楼酒肆，拯救那些执迷不悟者和自甘堕落者；也以讽喻问难的方式，教诲释迦的十大弟子。他曾经假装自己生病了，以此与前来"问疾"的文殊菩萨论道，宣扬大乘佛教义理。

　　文殊菩萨率领众弟子来到维摩诘的住所，但是坐具有限，大多数弟子都站着。舍利弗心想："如此多的人众，坐哪呢？"维摩诘洞悉了舍利弗的心思，暗自运用神通力，一伸手就向须弥灯王借来了三万两千个狮子宝座，摆放在方丈之内而不拥挤，这就是不可思议的"室包乾象"。修行较高的菩萨都坐下了，但和舍利弗一样的弟子都站着，无法入座。舍利弗抱怨说："此座太高了，我无法坐到上面。"维摩诘对舍利弗说："你只要给须弥灯王行个礼便可入座。"众弟子无奈，只好给须弥灯王行了礼，才坐到了座位上。舍利弗问维摩诘："你从何处死后来到这儿的？"维摩诘反问舍利弗："你学的佛法有生死吗？"这时释迦牟尼佛出现了，解释说："维摩诘来自妙喜国无动如来世界。"妙喜无动如来世界也是一方极乐的净土世界，维摩诘为了教化执迷不悟的俗世的人们，来到了这个不洁的世界。众弟子都急切地想一睹妙喜极乐世界的美妙，维摩诘一伸手，神奇的景象出现了：须弥山前阿修罗一手托日、一手托月，站在大海中间而海水不没膝盖。须弥山山顶是妙喜极乐世界中的无动佛和菩萨、弟子等。大海旁边还有河谷、溪流、村落、日落星辰等。

维摩诘室内有一位天女，在维摩诘和文殊菩萨辩论的时候把天花撒在菩萨、弟子身上。当花瓣飘到菩萨的袈裟上时，随即又落到地上；但当花瓣落到舍利弗身上时，就粘在了袈裟上，无法自然落下。舍利弗用尽了神力，花瓣还是无法落下。天女问舍利弗："为什么要抖落身上的花瓣？"舍利弗说："落在我袈裟上的花瓣停止向地上飘落，不符合沙门仪律（所以我要让它落下去）。"天女对舍利弗说："花瓣本来就无所谓落地不落地，你说它不符常理，完全是你的主观意识幻化的结果。"这显然是天女在戏弄舍利弗。在佛的十大弟子中，舍利弗被称为"智慧第一"，但这智慧第一的弟子的法力竟然不如维摩诘身边的一个天女。通过这件事，既突出了维摩诘的神通广大，也表明修行大乘佛教才是无上正觉。当维摩诘和文殊菩萨还在辩法之时，舍利弗感觉肚子饿了，心里想："这么多的人众到哪儿去用膳呢？"维摩诘马上明白了舍利弗的心思，运用法力化作"化菩萨"到"香积佛"那儿去借香饭。一会儿，化菩萨就捧着香钵来到了法会。有一位菩萨只看见借来了一小钵饭，心里唠叨："这一小钵饭，怎么够这么多人食用呢？"化菩萨将香饭倾倒于地，顿时，香饭堆积如山，食之不尽。

敦煌壁画中的维摩诘经变通常都是画维摩诘与文殊菩萨相对而坐，各有侍从及听法人物跟随，使画面分为两大阵营。而此窟的维摩诘经变则把维摩诘幻化的妙喜世界画在中央，左侧为维摩诘，右侧画文殊菩萨。这样实际上是以佛国世界为中心的对称构图，是净土图构成与传统的维摩诘经变的结合。西侧的维摩诘身居宝帐内，头裹软巾，手执麈尾，身体微微前倾，注目露齿，滔滔不绝地与文殊菩萨辩论佛法。宝帐上方飘来的就是须弥灯王所借的狮子座。宝帐前方绘天女戏弄舍利弗：舍利弗正在全神贯注地听法，天女在他身后悄悄撒花。舍利弗前方有众多的菩萨持钵而来，就是香积佛品。上方画阿难乞乳：释迦牟尼生病后，弟子阿难持钵为其乞乳，来到一位婆罗门家，正好遇见了去博弈处劝化人们的维摩诘。维摩诘唯恐外道知道此事，耻笑释迦已病不治，焉能普度众生，就劝阿难赶紧悄悄离开，不要被别人发现。被维摩诘规劝和责备后的阿难显得狼狈不堪。远处有妇人挤乳的情节。维摩诘的侧上方绘制方便品：维摩诘常常往来于酒肆、青楼、博弈等场所，劝说沉溺于此的人们早日解脱。画面中，两位棋手对面席地而坐，其中一人举棋思索，另一人专心致志地观察棋局；后面还有一人头戴白色毡笠坐在一旁观棋，此人就是维摩诘（图3-16）。从棋盘看，类似现在的围棋，不过它的棋盘是长方形的，长16路、宽11路，棋手是隔着棋盘而坐；现在的围棋是正方形的棋盘，长宽都是19路。

南壁绘劳度叉斗圣变，但是残损严重，画面不清。它与维摩诘经变一样，都

图3-16 第32窟北壁 对弈图 五代

是大乘佛教重要的经变画，与梵网经变在主题上是高度统一的。窟顶四角的形制沿袭了莫高窟五代初期曹议金所开凿的第98窟，即凿为浅拱龛形，但所画的内容却有变化。第98窟窟顶四角分别画东方提头赖吒天王、南方毗琉璃天王、西方毗楼博叉天王和北方毗沙门天王。而榆林窟第32窟只在西北隅画北方天王一身；其余三隅的内容都有所创新：西南隅画挂拐杖婆薮仙；东南隅和东北隅，根据榜题知道，分别是月光如来和日光如来。月光如来，右手抚于右膝盖之上，左手持杖，杖端有一弯上弦月，坐在五天鹅莲花座上，与东北角的日光如来遥相呼应。日光如来，手持莲花，坐在五马莲花座上。高悬天空的日月天（日、月如来），与《梵网经》"我化为千释迦据千世界，复就一叶世界，复有百亿须弥山、百亿日月"的内容相关联。

东壁门南侧绘文殊变、北侧绘普贤变（图3-17）。与唐以来文殊变和普贤变不同的是：以往的文殊变和普贤变都是以文殊、普贤菩萨为中心，人物画得很大，仅在画面上部画出背景山水。但本窟的文殊变和普贤变都是在辽阔的山水背景中展开，乘狮的文殊菩萨、骑象的普贤菩萨及侍从在画面中央的彩云环绕之中，四周都是山峦，山中有房屋、寺院及过往的人物。文殊菩萨的背景为五台山图，这是中唐以来的惯例，与第19窟文殊变画面对照，也可看出相关的内容。文殊菩萨旁边同样有

图3-17 第32窟东壁北侧 普贤变

于阗国王牵狮。普贤变的背景山水，过去一直难以确定，在莫高窟第237窟等窟的壁画中，普贤变的背景也同样是五台山图。但在本窟中，普贤变背景中却画出了毗沙门天王决海及牛头山的形象。牛头山的传说故事与于阗国的兴起有关：传说因为毗沙门天王与舍利弗决海，使洪水退去，于阗国因此而产生（详细内容参见第33窟说明）。五代、北宋时期壁画中出现牛头山的故事，说明此时瓜沙地区曹氏政权与于阗的关系非常密切。

此外，在本窟发现了画匠供养人。这四身供养人位于南壁东下角，画幅高不过尺，全部面西而立。第一身头戴红色幞头，身穿花袖紫色袍，腰束红带，双手合十捧三瓣红花礼拜佛像，可惜榜题只能看见首字"画"字。后面三身的衣着、神态与第一身相似，只是他们的画幅一身比一身低矮，形成了一个梯形；我们依稀可辨他们的榜题分别是："画匠……""画匠弟子……""画匠弟子李园心一心供养"。根据他们的画幅大小和榜题，我们推测第一身是师傅，后三身是徒弟。师徒四人都是本窟壁画的绘制者，供养像也是他们的肖像画。敦煌文献S.3553V《咨和尚启》记载了一个牧羊人与一个和尚、一个牧羊人与一个画家的故事。大意是："本月十三日，我把两升半丹、两袋朱和一袋青色颜料托牧驼人带到了窟上（莫高窟或榆林窟），拜托和尚您找一个能工巧匠为我绘制壁画。绘制壁画总共需要多少颜料，我在放羊劳动的时候继续留心寻觅捡拾。我托人带的颜料包裹在麦袋内，这就给您送到窟上（莫高窟或榆林窟）。我本来是要亲自送来的，不过东家突然捎话来，让我去放牧牲口，来不了，所以就托人带来了。"从敦煌石窟的供养人题记我们得知，敦煌石窟的修建除了豪门望族、显赫官宦参与外，也有很多普通民众的参与，这其中就有画匠李园心师徒以及一个贫穷寒酸的牧羊人。从这封敦煌文书可知，绘制敦煌壁画的一些颜料是来自本地的天然矿物质颜料。

同样是修建于五代时期的第35窟，也有几身画师供养人。第35窟东壁南侧第三、四身男供养人画像，均穿红色襕衫，腰系革带，头戴展脚幞头，双手于胸前持笏板。第三身题记"施主沙州工匠都勾当画院使归义军节度押衙银青光禄大夫检校宾客竺保一心供养"，第四身题记"节度押衙知画手银青光禄大夫检校太子宾客武保琳一心供养"。五代、北宋时期，曹氏家族统治敦煌瓜、沙二州，曹氏政权仿效中原王朝在政府内设置了画院，专门负责开窟造像活动。从莫高窟、榆林窟壁画中的画工题记以及藏经洞出土的敦煌文献等相关史料可知，曹氏画院内部规模庞大、门类齐全、分工很细，有"打窟人""石匠""泥匠""土匠""灰匠""绘匠""塑匠""书手""木匠""画匠""金银行都料"等，还有很多杂役和管理者，仅画匠细分就有"知画手""都画匠""绘画手""画院使""雕版押衙"等。可见，洞窟的开凿绘制分工很细，不同的工匠各司其职，合力完成石窟的营建。

开凿一个石窟，大概的程序是：先在崖面上开凿洞窟，由打窟人按一定的形制开凿出洞窟。然后由泥匠或土匠用泥抹平凹凸不平的四壁和顶部；窟内的墙面平整以后，在泥壁上涂一层白灰，这是灰匠的工作。接下来就由画匠在墙上开始绘制壁画（先起稿，再敷彩上色，再勾定形线和提神线）。壁画绘制完毕，由书手在壁画上书写榜题文字。在绘制壁画的同时，塑匠也开始塑像。洞窟内的彩绘和塑像完成后，还要在石窟前修建窟檐或殿堂，这是由木匠来进行的。修建一个洞窟少则几个月，多则几年，甚至几十年，其中的艰辛可想而知。

修建于曹氏画院时期的榆林窟第20窟前室西壁南侧的发愿文也记载了一些有关洞窟营建的史料，全文如下（标点是现在抄录时所加）：

雍熙五年岁次戊子三月十五日，沙州押衙令狐信延下手

画副监使窟，至五月卅日□具画此窟周□。愿

君王万岁，世界清平，田莹善熟，家子□□，□

孙莫绝。直主

窟严（岩）长发大愿，莫断善心，坐处雍护，行□通达，莫遇灾

难，见其窟严（岩）纪也。

雍熙是北宋太宗的年号，但雍熙这个年号只有四年，雍熙五年戊子其实就是端

拱元年，即公元988年。在宋代，朝廷已经更换了新的年号，敦煌当地并不知情而继续沿用旧年号的事情时有发生，这是因为宋代西北交通阻塞、信息闭塞，远在敦煌的人们往往得不到新的信息。从文意看，画匠沙州押衙令狐信延从公元988年三月十五日到五月三十日耗时75天时间，绘制好了全窟的100平方米左右的壁画，这也是我们现在了解当时绘制壁画的重要史料。

第33窟

位于榆林窟西崖南部，建于五代，清代重修。有前后室，前室为一面披顶，甬道顶残存孔雀明王一铺，南壁画曹元忠父子供养像，北壁画曹元忠夫人翟氏与长女供养像及三侍女。可知此窟是曹元忠的功德窟。主室窟顶为覆斗顶，藻井井心毁，四披垂幔下各画伎乐飞天三身，下画千佛，千佛中间说法图各一铺。中心佛坛上清塑跏趺坐佛一身。西壁画说法图一铺，南壁东侧画药师经变一铺，西侧上部画佛教史迹画一铺，下部画瑞像一排，墙壁中被凿出一穿道，通往第32窟。北壁东侧画西方净土变一铺，西侧画佛传一铺，下画供养人。东壁门上部画地狱变一铺，门南北各画四龙王赴会一铺，下画比丘及供养人像。

东壁门上的地狱变，画面中心为地藏菩萨，左右两侧的画面大致呈对称性布局（图3-18）。佛经讲：地藏菩萨"安忍不动犹如大地，静虑深密犹如秘藏"，所以称为"地藏"。这里的"地"，指大地、土地；"藏"，指储藏、含有的意思。这是比喻地藏菩萨如大地一样，蕴藏着无数善根种子。地藏是释迦涅槃后弥勒未生前无佛世界中的大菩萨，此时他驻留世间，守护佛法、救度众生、代理佛职。在佛教中，观音是以解救活人为主，地藏则是以普度死鬼为业。他曾经发过宏愿："度尽众生，方证菩提。"也就是说：他要把地狱、饿鬼、畜生、阿修罗、人间和天上六道中的众生救度完，自己才能成佛。

图3-18 第33窟主室东壁门上 地狱变 五代

壁画中，地藏菩萨作僧人像，身披袈裟，坐在莲花台上；左手置于膝盖上，右手持锡杖。左右两侧各画一童子，分别拿铁札、令牌，记录亡灵的罪恶、福报等诸业。画面北侧的冥王戴头盔、穿铠甲，手握令牌，指挥二小鬼正在用刑。其中一小鬼拉扯着一亡人，站在一边的另一小鬼左手高高举起一刑具正在抽打这位亡人。冥王面前的案上放着铁札。上部绘一小鬼手持长杖，守护着一面大镜子，这面大镜子就是验证亡者生前善恶的法器。镜子后面跪着两人，可能正在请求宽恕自己的罪行。侧面又画了一个置于熊熊大火之上的鼎，这是用来行刑的汤镬，罪孽深重堕入地狱道的亡人正在遭受汤镬之苦。画面南侧，冥王头戴冕旒，身穿铠甲，案前男女手捧供物。上部的几位小鬼正在驱赶着几位亡人，作恶者被赶进了"铁围城"受酷刑，从善者被菩萨引导入人道。地狱变在新疆克孜尔和柏孜克里克石窟、天水麦积山石窟等地都有绘制，国内保存最完整的是重庆大足宝顶大佛湾的地狱变浮雕。敦煌石窟从初唐出现这一题材，至五代、宋时，地狱、轮回和地藏菩萨单身像较多。榆林窟的地狱变多画在甬道或者窟门上方，信众进窟、出窟必须两次目睹这一画面，其目的是劝诫人们弃恶从善，广种福田。我国唐代著名的画家吴道子，于开元二十四年（736年）在景公寺壁上所绘的地狱变相，"变状阴怪"，观者见后不敢食肉，两市屠沽因此转业。这也是画史所记非常有名的地狱变。

北壁西侧画降魔变（图3-19）。据佛经记载：悉达多太子出家后经过六载苦修已经证得了菩萨果位，在他即将成佛之前，魔王波旬非常害怕释迦成佛后威胁到自己的统治，于是就率领他的魔军、魔子、魔女等部下，企图以引诱、干扰、进攻、破坏的手段，置释迦牟尼于死地。但事与愿违，释迦牟尼最终战胜了魔王。壁画中，魔军有的作牛头，有的作象头，有的作怪兽头，有

图3-19 第33窟北壁西侧 降魔变 五代

67

的头似虎狼、手握毒蛇、口中喷火，他们或裸体、或短裙、或披甲、或蓬发，有的手中执弓箭、有的持剑、有的持戟、有的持叉、有的持棒、有的举山、有的舞风轮、有的击鼓、有的打雷、有的放电，狂呼怒吼，杀气腾腾的魔军围在释迦牟尼周围，正在进攻释迦牟尼，魔军与释迦身后的熊熊大火，更增加了火烧身体、迫在眉睫的紧张氛围，但是释迦牟尼双手结禅定印、结跏趺坐式坐在宝座之上岿然不动。当进攻失败后，魔王变换了手段，他让自己三个貌美如仙的女儿在释迦牟尼面前搔首弄姿，以色相来引诱释迦牟尼，企图破坏释迦的法力，释迦以法力把她们变成又老又丑的老太婆。画面下部左侧有三个美女正在搔首弄姿，右侧画出变为骷髅形的老太婆正在照镜子看自己的丑态，表现释迦把魔女变成丑陋的老妪。画面善于用对比的手法。释迦的静与魔军的动形成强烈的对比，表现了前者的庄严、沉着与胸有成竹，后者的骚动、不安与自暴自弃。释迦牟尼的庄严与魔军的丑陋形成强烈对比，以魔军外貌丑陋，象征其内心的阴暗丑恶；释迦外貌庄严伟岸，体现着内心的光明磊落。三个魔女一前一后外貌的巨变更有戏剧效果。通过这静与动、美与丑、正义与邪恶的对比，使画面富有感染力。

"降魔"是佛传中非常重要的一个环节，是释迦牟尼一生中的四件大事（诞生、降魔、成道、涅槃，这四件事被称为"四相"）之一。经历了降魔，或者说被魔军考验后，释迦才走向了成佛之路。在降魔变的两侧，以条幅的形式画出了部分佛传的内容——西侧的条幅表现释迦牟尼身为悉达多太子时，出家后在深山中苦修六载的场面；东侧的条幅表现的是经过六载苦修后的释迦牟尼下山后的几个情节：尼连禅河沐浴、吉祥长老铺草座、牧女善生献乳糜、四天王奉钵供养等。

南壁西侧绘制佛教史迹画（图3-20）。所谓佛教史迹画包括表现佛教历史故事、传说故事和佛教圣迹、瑞像图等内容。敦煌壁画中的佛教史迹画大多取材于《法苑珠林》《高僧传》《大唐西域记》《西域传》等著作，有对某些高僧、圣迹、圣像的记载，也有一些是传说故事或附会的产物。瑞像图是表现古印度、中原、河西等地传说的佛教圣迹、灵异事件的。本窟的佛教史迹画以于阗牛头山佛寺为中心，左右两侧绘制了刘萨诃瑞像、优填王造檀木瑞像、尼波罗水火池、毗沙门天王决海、施宝瑞像、双头瑞像、一手遮天、纯陀故井等故事，画面下部的两侧各有四身瑞像，再下面另起一排通排画十几身瑞像图。这些内容，几乎囊括了唐、五代以来敦煌石窟中出现的所有佛教史迹画。

于阗牛头山佛殿。壁画居中的佛寺下部有一牛头，从牛口中生出带栏杆的梯子，直通佛寺的上部。有几身伎乐或手持琵琶或怀抱腰鼓或弹奏笒篌，正沿着梯子攀缘而上。梯子侧面的几身狮子、狮奴、神王和夜叉，都是因仰慕而前来瞻仰佛寺的。牛头山佛寺的大殿内有一尊佛，两侧各有一身菩萨，殿内还有弟子和僧人。佛殿前

图3-20 第33窟南壁西侧 佛教史迹画 五代

图3-21 第33窟南壁西侧 于阗牛头山佛殿 五代

有四身乘彩云飘到佛殿前的菩萨。佛殿两侧的上方是骑狮子的文殊菩萨和骑大象的普贤菩萨，携带眷属前来赴会（图3-21）。

　　传说在很久很久以前，佛教就传到了于阗国，但是国人不闻三宝（佛、法、僧）、不敬佛法，僧徒化缘常常吃闭门羹。于阗国人的这一举动激怒了信仰佛教的龙族，龙王引东海之水淹没了于阗国，这个内陆的沙漠之国一下子变成了汪洋大海，城邑淹没、牲畜四散、生灵涂炭。当释迦牟尼佛得知这一切之后，心生悲悯，决定亲自率领弟子到于阗国拯救苦难中的人民。夜晚，于阗国的许多老百姓看见城西南的牛头山上光芒四射，有时光芒照射得如同白昼。街头巷尾，老百姓竞相传播所目睹的这一奇观，国人不知是福是祸，因此惶惶不安。一天，从牛头山下来了一群人，他们都光着头、赤着脚，身穿袈裟，为首者更是慈眉善目。他们就是释迦牟尼佛和他的弟子。他们径直来到被海水淹没的城邑，佛命弟子舍利弗和毗沙门天王分别用锡杖和长枪刺穿湖底，尽泄海水，海水下面被淹没的土地又显露出来。然后释迦牟尼佛对于阗国人民说"你们过去亵渎佛法、不敬佛僧，才会遭此劫难"。接着佛给他们讲经说法，于阗国人民便皈依了佛门，牛头山香火日盛，成了佛教圣地。

　　毗沙门天王决海的故事是于阗牛头山故事中的一个情节，画在牛头山佛寺的东侧：在一片汪洋的海岸的两侧，站立着一位手拿锡杖的佛弟子和一身手执长枪的天王，他们俩就是舍利弗和毗沙门天王，正准备决海解救于阗国。

　　尼波罗水火池的故事。在毗沙门决海画面的左侧，画一池子，池子里是油一样的液体。池中有一个方形如箱子的物体浮在液体上，靠近箱状物的液体已经变成了熊熊烈火。一团彩云托着一身佛漂浮到池子上方，此佛就是弥勒佛。池子边上站着两人，都戴幞头穿长袍，其中一人用手指着池中的熊熊烈火作议论状，另一人双手合十于胸前作礼拜状。尼波罗就是今天的尼泊尔。《法苑珠林》记述道：唐代显庆二年（657年），王玄策等人奉皇帝的命令前往西方国家送佛的袈裟，在尼泊尔西南的颇罗度来村东坎下见到一个水火池，如果人为地将火抛到水中，水中会马上燃起熊熊大火，假若用水灭火，火焰不但不减，反而更加旺盛。这些使者就在火上架了一鼎锅，开始烧水煮饭，饭菜一会儿就熟了。使者问尼泊尔的国王这是怎么回事，国王答复道："以前，有人在水中发现了一个金柜，就用杖刺着往上挑，结果是越挑越深。相传这是弥勒佛成道时的天冠留在了这里，金火龙王在这里守护着，这池火就是火龙火啊！"《诸佛瑞像记》记载：在北印度的尼泊尔国，弥勒佛的头冠掉到了水里，有人专程赶到此来打捞头冠，突然水中燃起了熊熊大火。这就是尼波罗水火池的故事。今天，我们用科学的眼光看待这一现象，这极可能是易燃的液体如石油一样的东西突然燃烧起来了，但在古代，这却成了无法解释的灵异事件，最后被附会到佛教故事中流传下来。这也从一个侧面反映了中国和尼泊尔源远流长的文明交往。

优填王造像的故事。在尼波罗水火池故事的右侧，有一身佛跣足踏着彩云从天而降，双手合十于胸前作拜谒状，面前跪着一身佛正在迎接此佛的到来。这就是优填王造像的画面。这个故事其实是讲述佛像起源的问题：释迦牟尼即将涅槃时，还有一桩心愿没有完成，就是给自己的生母讲经说法。于是释迦牟尼就上升到忉利天宫为母亲摩耶夫人说法三个月。三个月不见佛祖释迦牟尼，优填王非常思念，就请来能工巧匠用牛头栴檀造释迦像一尊在宫中供养，聊以慰藉对佛祖释迦牟尼的思念。后来，释迦牟尼见到佛像，弯腰躬身向佛像行礼，并对佛像说："我灭度之后，你于来世大做佛事，主持佛法；我的弟子就交给你了；如果有人雕塑我的像，用来供养，那人到来世一定可以得到佛教的三昧。"又告诉弟子阿难说："记住我说的话，告诉所有的弟子——我灭度之后，造佛的像，要三十二相八十种好具足，要让礼拜观看者看见了心生欢喜，这样就能减少很多所犯的罪过。"

刘萨诃瑞像。牛头山佛殿上部的山岩上伫立着一身佛像，很多僧俗正在礼拜。这就是刘萨诃因缘中的凉州瑞像。后燕时期的刘萨诃，是河西非常有名的高僧。他西行至凉州番和县（甘肃省永昌县）北，对着一个峡谷说："此处当有佛像出现。如果佛像没有残缺，则世乐时康；如果佛像残缺不全，则世乱民苦。"87 年之后的一天，突然雷电交加，狂风暴雨震裂山谷。雨后，人们从裂开的山谷中看到了一身石佛像。但令人恐惧的是佛像只有身体而无头。又过了七八十年，人们于北周武成二年（560 年）在凉州城东二百里的一个地方发现了一尊佛头，把它迎请到番和县，安装在佛身上，非常合适。人们被这灵异的事件所感动，更加笃信佛教，第二年在凉州修建瑞像寺。隋代大业五年（609 年），炀帝西巡路经番和县，重修此寺并改名为"感通寺"，亲自书写寺名。唐代改名为"圣容寺"，该寺至今仍在，今名"后大寺"。在刘萨诃瑞像东侧的海面上，盛开着莲花，漂浮着佛像、殿堂和佛塔，这是表现刘萨诃到江东巡礼佛教圣迹的石佛浮江故事和刘萨诃礼拜佛塔的故事。

纯陀故井的故事。壁画中，在牛头寺西侧的上方画有一身佛像，佛前面有一口井，有一个戴幞头穿长衫的人正在井栏边俯身汲水，这就是纯陀故井。据《大唐西域记》等记载：在古印度的拘尸那揭罗国城北有一座塔，为无忧王所建。此地就是能工巧匠纯陀的故宅。故宅中有一口井，是当年纯陀为了供养佛而挖凿的。佛祖在这口井旁接受了最后一次供养。虽然岁月流逝，闾巷荒芜，城郭失修，居人稀少，但是井水却依然甘美。

施宝瑞像的故事，也叫僧伽罗国施珠瑞像。在壁画的下方，有一身佛像低头向下对着面前的一人，此人双手高举作取物状。此处绘制的就是施宝瑞像的故事。据玄奘的《大唐西域记》记载：在僧伽罗国（今斯里兰卡）境内的佛寺（佛牙精舍侧的小精舍）里，供养着一身金佛像，这是本国的前国王请工匠铸造的等身佛像，而佛像的肉髻是用非常珍贵的宝珠镶嵌而成的。后来，有一个盗贼想偷走佛头上的宝珠，但佛寺的看管非常严格，盗贼无法入内行窃，便从一侧开凿了一个孔道进入寺院。正当盗贼想要伸手摘取佛头上的宝珠时，佛像长高了，盗贼无法摘得，往后退了几步叹息说："如来过去修菩萨行时就发下了宏愿——上至自己的身家性命，下至国家的国土城郭，只要是有需求者，一切都可以赐予。现在这身佛像这么爱惜身上的宝珠，与如来过去所发的宏愿相背离，令人不解！"盗贼刚说完，佛像前倾身子，做出授予宝珠的样子。盗贼盗得宝珠后就张罗着去出售，看见宝珠的人都说："这是先王所造的金佛像顶髻上的宝珠呀，你从哪儿得到的来此售卖？"盗贼无言以对。人们就擒拿了盗贼，把他押到国王那儿。国王质问盗贼："你从哪儿得到这宝物的？"盗贼答道："是佛亲自给我的，不是我盗窃的。"盗贼便把事情的原委告诉了国王。国王不信，认为是盗贼在欺骗自己，就派人去查看。果然如盗贼所言，佛像前倾着身体。国王被这灵异的事件所感染，更加笃信佛教，也就没有怪罪盗贼，用金钱把宝珠从盗贼手中赎回来，重新安装在佛头上。但佛像是俯着身体的，以至到今天还是如此。

双头瑞像。在最下排瑞像图的左侧，有一尊一身二头四臂的佛像，胸以上分现两头，左右对称，胸以下身体合一，但有四臂，两臂于胸前合十、两臂自然下垂。这就是双头瑞像，也叫双身瑞像或分身瑞像。它的来源是这样的：在古代的犍陀罗国（今巴基斯坦白沙瓦和拉瓦尔品第地区），有一个穷人，通过自身的艰苦劳动得到了一枚金币，但他舍不得花这枚金币，一心想着画一身佛像。有一天，他来到寺院，对画工说："我今天想要一幅佛祖如来的画像，这一枚钱是你的工钱。迫于贫穷，工钱虽然少了点，但请画家绘制一幅如来的像，一直是我心中的一个梦想，您就答应了我吧。"画家被这个贫士的执着精神所打动，就答应了这个请求。几天后，又来了一个贫士，也是只有一枚钱想请画工绘制一幅佛像，画工也答应了这个请求。一段时间以后，两位贫士同时到寺院来看佛像，但是画工只拿出一身佛像给二贫士，并对他们说："这就是我给你们绘制的佛像。"两位贫士对视了一下，都不解画工的意思，两个人求佛怎么只画了一身呢？画工看出了二贫士的疑惑，说："我收下你们的两枚金币全部都用在了佛像上，一毫一厘都没有浪费贪污。如果我刚才所说的话是真实的，佛像必须神变。"画工余音未止，像现灵异，分身交影（分成了两个头，但身子却合二为一），身放金光。见此一幕，二贫士非常高兴，心悦诚服。

一手遮天的故事。壁画的左侧，画了一只伸张五指的巨手遮挡着太阳，透过指缝看见太阳四射的光芒中有几座佛塔。这个故事讲古印度国王阿育王崇信佛法，又于王舍城得到了阿阇世王所埋藏的佛舍利，把它分成了八万四千份，想建造八万四千塔供养。罗汉听说了此事，对阿育王说："我于舍利入塔之时，以手蔽日（用手遮挡太阳），当四方的臣民看见太阳光被遮挡，其形状如一只巨手时，就把舍利入塔。"阿育王就把此事宣告国民。到了那一天中午，罗汉以神通力伸手蔽日，国内的八万四千塔同时藏入了舍利，所有的功绩，一时完成。这就是一手遮天的故事。此外，阿育王曾把国家政令、国家法律、道德规范、佛教仪轨、个人事迹等刻在摩崖或石柱上，以昭天下。这就是阿育王石柱的由来。至今在尼泊尔南部与印度境内还矗立着粗壮高大的阿育王石柱，有一些是近年考古挖掘出来的。

第 35 窟

本窟始建于唐代，经五代、宋、清重修，现在看到的大部分壁画是五代时期的。主室西壁画观无量寿经变，南北两壁绘制普贤、文殊变，东壁门北侧画五智如来曼荼罗；前室顶部画如意轮观音、不空羂索观音、千手千眼观音经变；前室西壁门北残存唐画炽盛光佛一铺。

盛唐以来，文殊变和普贤变一直都很流行，榆林窟也不例外，但是榆林窟大部分洞窟把文殊变和普贤变对称地绘制在窟门两侧，本窟则绘制在主室的南北两壁，用横卷式的构图来表现文殊、普贤率众前来赴会的场面，而且规模宏大、场面壮观、人物众多，是敦煌壁画中规模最为宏大的文殊变和普贤变。

图3-22 第35窟北壁 文殊变（局部） 五代

北壁是文殊变，文殊菩萨神情自若地骑在狮子背上（图 3-22）。周围围绕着八身骑狮子的菩萨，表情不同、神态各异，他们是文殊菩萨的化身。文殊菩萨前方的左右两侧，各有十身菩萨一字排开，他们或举幡、或执幢。文殊菩萨的正前方是几身菩萨和天女在供案的周围供养，前部还画出一组乐队，或吹笙、或奏排箫、或吹横笛、或弹琵琶。行走在最前面的是昆仑奴，他头顶红色的香炉，左右两身力士开道护卫。骑狮文殊菩萨后面的几身供养菩萨，他们双手端托盘，盘中或盛鲜花或放宝珠。走在最后面的一组人物以帝释、梵天为中心，前有昆仑奴头顶香炉导引，左右有天、龙、夜叉等八部众手持刀、旗护卫环绕。文殊头顶的天空中有几身飞天轻舞飞扬，为画面增添了许多灵动之气。远处灰白的山峦中草木依稀，近处绿色的海水中莲花朵朵。整个画面人物众多，但主次突出、秩序井然。

对应的南壁是普贤变，构图和规模与北壁的文殊变相似，也是普贤菩萨骑大象居于画面正中，周围的八身化身骑着象一同随行，眷属和侍从围绕前后。

东壁北侧，绘的是密教金刚界曼荼罗（图 3-23），名为五智如来曼荼罗，或金刚界五佛，意思是金刚界五智所成之如来。居于画面中央的是大日如来，也叫毗卢遮那佛，是释迦牟尼佛的法身，是表示绝对真理的佛身，与卢舍那佛（报身佛）和释迦牟尼佛（应身佛）合称"三身佛"。毗卢遮那佛坐五狮座，周围四身佛为四方如来，即阿閦如来、宝生如来、阿弥陀如来、不空成就如来。大日如来的左下方是阿閦如来，代表大圆镜智，坐在五象座上，是金刚界五智如来中的东方如来，又称不动如来，是大乘佛教信仰中的东方妙喜世界的掌管者，维摩诘居士即来自妙喜世界。大日如来的右下方是南方如来宝生佛，代表平等性智，坐在五马座上。大日如来的右上方是阿弥陀如来，

图3-23 第35窟东壁北侧 五智如来曼荼罗 五代

是西方极乐世界的主持，观音和大势至是他的两身胁侍菩萨，代表妙观察智，坐在五孔雀座上。大日如来的左上方是不空成就如来，他是北方世界的主宰，坐在五迦楼罗座上。画面的上部还有一轮太阳，左右供养着狮宝和象宝，两身飞天在天空翩翩起舞。画面上部和左右两侧绘制千佛，下部绘几身女供养人。密宗认为修行者仅仅依靠念诵咒语和观想曼荼罗，仍然不能达到即身成佛的境界，还需要五禅定的五种智慧才能成佛。因此，他们就供养、修行五智如来。供奉、修行五智如来还可以净化人心的贪、嗔、痴、慢、疑五毒，并能成就息、增、怀、诛四种事业，从而达到消灾、增福、益智、聚财、延寿、降魔除障等功德。五智如来曼荼罗是五代时期出现在本窟的新题材。

前室西壁门北残存唐画炽盛光佛一铺，五代补画。炽盛光佛悠闲自在地坐在双轮牛车上，右手举于胸前，左手竖起来作法印状，从身体的毛孔放射出光焰，头顶装饰了圆形精美的华盖，左右诸天曜星紧随，周围绘制了七曜，还能清晰地辨认出火星、水星和金星（太白星）等诸星的题记。佛教典籍记载：炽盛光佛因其毛孔中发出炽烈的光焰，故得此名。炽盛光焰能够折服日、月、星宿等诸天星辰，而古代的人们认为发光的一些星体尤其是七曜（包括日、月和金、木、水、火、土五星）主宰人间的吉凶祸福，故要供养、礼拜炽盛光佛以及七曜诸星，于日月蚀、天地变、风雨灾时要礼拜炽盛光佛，念诵炽盛光咒言，求得佛保佑。在炽盛光佛经变中，通常在炽盛光佛周围要画出七曜或者九曜（七曜加罗睺和计都）诸星作为侍从。此外还有黄道十二宫和二十八宿。佛教所说的"十二宫"与现在流行的"十二星座"的说法相似，但并不完全一致。根据《宿曜经》，"十二宫"包括：狮子宫、女宫、秤宫、蝎宫、弓宫、摩羯宫、宝瓶宫、鱼宫、白羊宫、金牛宫、男女宫、蟹宫。其中前六宫属太阳分，后六宫属太阴分。佛教认为十二宫各执掌不同的事，因而可以判断吉凶。

古人在观察天象时，把黄道附近二十八个恒星作为观察日、月、五星的坐标，又由于这二十八个恒星恒定在日、月、五星的四方，好像是日、月、五星栖宿的地方，因此称为"二十八宿"。按照方位，把二十八宿分成东、南、西、北四组，称为"四宫"，每宫七宿。给每宫想象一位神灵性的动物来统领，也就是所谓"天之四灵，以正四方"，即东方由苍龙管辖，南方朱雀管辖，西方白虎管辖，北方玄武管辖。中国在很早的时代就已对二十八宿有深入的观察，并了解到二十八宿与空间方位和时间（十二个月）的关系，在《史记》和《汉书》等著作中就有记载。而古印度人也同样观察到二十八宿等问题，在佛经中记载下来。但古代印度与中国传统的说法有所不同。佛教壁画中所绘的二十八宿大体是按佛经所绘的，通常以二十八个天神来代表二十八宿。炽盛光佛及七曜、黄道十二宫、二十八宿等形象，实际上反映了古代人们对天象的认识，在天文学史上具有特别的意义。

第38窟

本窟为归义军晚期（宋代）洞窟，内容非常丰富。主室西壁画弥勒经变，南壁画天请问经变、药师经变和密教说法图一铺，北壁画思益梵天问经变、观无量寿经变和密教说法图一铺，东壁画五佛和龙王赴会，窟顶为团龙藻井，四披画伎乐天、日天、月天和千佛。主室甬道两壁分别画男女供养人像。前室西壁画天王，南壁画观音变，北壁画地藏变，窟顶画千手千眼观音变。前室甬道南北画文殊变和普贤变（图3-24）。

图3-24 第38窟前室 宋

西壁整壁画弥勒经变，中央绘"弥勒三会"，弥勒世界的一些故事场景则以条幅的形式在经变两侧来表现，这是它的一大特点。本窟的嫁娶图是画家浓墨重彩表现的场面。弥勒世界由于物质的富裕和生活水平的提高，人的寿命也延长了，佛经中说人寿八万四千岁，女子五百岁出嫁。壁画中表现这一思想往往都要画出婚嫁图，表现结婚的场面（图3-25）。画面左侧是人字形顶的帐幔，帐内男女嘉宾分列两排对面而坐，帐前围一帷墙，内铺地毯，是婚礼中交拜的场所。画面虽然没有画出跪拜的场景，但是按照原先的礼仪都是男拜女揖。新妇前有一面陪嫁的大圆镜；院子里还有一人在翩翩起舞，而舞者的身边有一位男子似乎在合着舞步拍手。最有趣的是：院子里还有一对大雁在游走，象征着对爱情、婚姻的忠贞。古代的婚姻，从议婚到完婚的过程有六种礼节，在我国的周代就已经确立了，《礼记》对此有详细的记载，这六礼是：

一、纳采。婚姻礼仪，六礼之首礼。即男方请媒妁到女方家提亲，并以大雁为礼。《礼记·士昏礼》记载："昏礼，下达纳采。用雁。"就是我们俗称的"说媒"。

二、问名。婚姻礼仪，六礼之第二礼。即男方派媒人到女家询问女方姓名、生辰八字等，以便占卜测定吉凶。《仪礼·士昏礼》："宾执雁，请问名；主人许，宾入授。"就是我们俗称的"讨八字"。

三、纳吉。婚姻礼仪，六礼之第三礼。将占卜八字的好消息告诉女方家，并以雁为礼。郑玄注："归卜于庙，得吉兆，复使使者往告，婚姻之事于是定。"就是我们俗称的"提亲"。

图3-25 第38窟西壁北侧 弥勒经变中的嫁娶图 宋

四、纳征。婚姻礼仪，六礼中第四礼。男方向女方家送聘礼，是六礼中唯一不用雁的。就是我们俗称的"送彩礼""送嫁妆"。

五、请期。婚姻礼仪，六礼中第五礼。男方家派人到女方家去告知成亲迎娶的日期，并征得女方家同意。《仪礼·士昏礼》："请期用雁，主人辞，宾许告期，如纳征礼。"就是我们俗称的"选日子"。

六、亲迎。婚姻礼仪，六礼中的第六礼。新郎亲自到新娘家迎娶新娘，并且要带一对大雁，"男家陈设桌椅。女家在门外设次。天初昏，新郎盛服"。新郎在行礼时"北向跪，置雁于地"。《诗经·大雅·大明》："大邦有子，天之妹，女定阙祥，亲迎于渭。"可见亲自迎娶新娘的习俗由来已久。就是我们俗称的"娶亲"。古代的娶亲都是在黄昏进行，所以称为"昏礼"。古人把男女双方成亲说成是出嫁或娶亲，现在东南亚一些国家的华人，还保留着黄昏及晚上举行婚礼的习俗。

六礼中，除了纳征（送彩礼）之外，其他的五礼都需要男方以雁为礼送给女方。因为大雁配偶固定，如果一只亡，另一只则不再择偶。而且大雁是候鸟，随着季节的变换有规律地迁徙，因而它们的行为是合乎阴阳五行的。婚姻中以雁为礼，既象

图3-26 第38窟北壁东侧 净土曼荼罗 宋

征着男女双方对婚姻的忠贞专一，也象征着男女双方合乎阴阳五行，暗示着男女双方的家人要信守承诺，促成婚姻。

主室北壁东侧绘净土曼荼罗（图3-26），阿弥陀佛居中坐在五狮装饰的须弥座上，头顶装饰着华丽的宝盖，座下环绕着碧绿的湖水，湖中还有两身可爱的莲花童子，胡跪式坐在莲台上面。阿弥陀佛宝盖的左右是日天和月天，左右两侧对称地坐着十四身菩萨；下端的左右角各是一身护法金刚，一身手拿羂索，一身手执宝杖。画面下端的中间有一身菩萨，跪在莲台上作供养状。所有莲座都有莲枝相连，最后植根于莲池之内。

主室窟顶西披千佛中间，有一方形状如桃形的画面里面有三身形象，他们就是月天及其侍从。月天，又称月神、月天子、月宫天子、宝吉祥天子等，为大势至菩萨所化现，是"十二天"之一，居住在月宫中用青色琉璃制成的宽广、高大的輂内，全身能散发千光，普照大地及世间万物。月天有众多天女陪伴，已经有五百岁了，他的子孙继承并把持着月宫。壁画中的月天结跏趺坐坐在五白鹅座上，双手在胸前平伸托月，月内画桂树、蟾蜍，头戴化佛冠，两侧的两身胁侍菩萨双手合十侍立左右。与月天相对，在窟顶东披千佛中央绘日天及侍从。日天又称日神、日天子、太阳神，日天因前世用善心供养沙门（出家人）、婆罗门，并且济贫扶困，最终修成了日宫的掌管者。他也是"十二天"之一。他所居住的日宫是纯金的宫殿，而且他浑身能散发耀眼光芒，照彻四方世界。画中的日天坐在五马座上，双手托日，日中有金乌。

佛教的"十二天"指的是护持佛法的十二尊天神，由东、南、西、北、东北、东南、西北、西南八方神和上、下、日、月四神合计而成十二天神。具体是：东方的帝释天、东南的火天、南方的焰摩天、西南的罗刹天、西方的水天、西北的风天、北方的多闻天（又作毗沙门天）、东北的伊舍那天（又作大自在天）八方天，加上上方的梵天、下方的地天和日天、月天，共十二尊。

前室南、北壁画观音经变。观音菩萨，又称为观世音菩萨、观自在菩萨、光世音菩萨等。观音经变根据佛经《妙法莲华经·观音普门品》绘制，表现的是观音菩萨三十三现身和救诸苦难之事。"三十三现身"讲的是观音菩萨"听其音、观其声"辨别疾苦，因人间不同的疾苦、受救者不同的机缘而变换不同的身份化现世间，前来救助众生，适宜于用什么身份下凡救度众生，就化现什么身份。除了本尊的观音身外，观音常化现的身份有辟支佛、梵王（婆罗门神，后成为佛教的神）、帝释天（佛教三十三天之主）、自在天（欲界的最顶第六天之大恶神）、大自在天（色界的最顶第十八天之大恶神）、天大将军（帝释天的家将，又称为金刚力士）、毗沙门（即北方多闻天，专门管理夜叉、罗刹）、小王（人间的王子、国王，区别于天部的天王）、长者（德才兼备有威望之人）、居士（在家的佛教徒）、宰官（人间的任何官吏）、婆罗门（古印度地位最高的种族）、比丘（出家男僧人，即和尚）、比丘尼（出家女僧人，即尼姑）、优婆塞（在家修行的男弟子）、优婆夷（在家修行的女弟子）、妇女、童男（终身不为爱欲所染的男子，不特指幼男）、童女（终身不为爱欲所染的女子，不特指幼女）等。观音救八难中的"八难"是风难、火难、水难、刑难、刀难、鬼难、囚难、贼难，这八难都是外来事物引起的灾难，当遇难者处于这八种灾难时，只要口中默念观世音菩萨的名号，观音便即时出现，救度遇难者脱离危险。画面东下角有两身观音的现身：一身坐在圆形靠背的椅子上，为宰官身；一身坐在长方形胡床上，为大自在天身；两身面前的方毯上各跪着一位受救者。现身的下方，就是观音救水难的情形：深蓝色的海面上乌云密布，一艘双尾船遇到了大风浪漂浮在海面上，已经有几人被风浪打入了水中，船上的其他船员正双手合十，念诵观音的名号，而此时一股祥云飘到了船的上方，观音菩萨即乘此祥云前来救助。佛经记载：若有一行人乘船出海，为求金银、琉璃、砗磲、玛瑙、珊瑚、琥珀、珍珠等宝，遇到黑风吹其船舫，漂流到罗刹鬼国，其中如有一人念诵观世音菩萨名号，全船人皆得解脱。画面中的落水者只有半截身子没入水中，这是因为溺水者念其观音的名号"即得浅处"。

主室东壁门两侧均绘龙王赴会图，也叫龙王礼佛图（图3-27）。五代到北宋期间，敦煌石窟流行绘龙王赴会图，榆林窟除第38窟外，还有第19窟、第20窟、第33窟等窟画龙王赴会图，莫高窟也有20个左右的洞窟绘制龙王赴会图。龙王礼佛图大多数画在主室门两侧或前室门两侧，起到护持佛法、祈愿风调雨顺的作用。一般是门的左右各四身，合起来就是八大龙王。敦煌写卷P.3564《莫高窟功德记》载："出门两颊，绘八大龙王及毗沙门神赴哪吒会……龙王在海，每视津源，洒甘露而应时，行风雨而顺节。"龙王是佛教八部护法神之一龙部的统领。佛教的八部护法神是：天众、龙众、夜叉、乾闼婆、阿修罗、迦楼罗、紧那罗、摩睺罗迦。因天众和龙众最为重要，故称"天龙八部"，也称"龙神八部"或"八部众"。

图3-27 第38窟主室东壁北侧 龙王礼佛图 宋

龙王率领众眷属到灵鹫山听佛讲法后，被佛教所感染，坚信佛法，于是就用定海神力在海中化现出一座宫殿，用金银珠宝、琉璃玛瑙装饰得金碧辉煌，然后请佛到龙宫讲法供养。具体的记载见《佛说海龙王经》："一时佛在灵鹫山，无量之众围绕时，忽海龙王率无数眷属诣佛处，佛为说深法，则大欢喜。请佛降海底龙宫，以受供养说法。佛许之。时龙王化作大殿，以绀琉璃、紫磨黄金庄严，宝珠璎珞七宝为栏楯，极为广大。又自海边通金银琉璃三道宝阶，使至于龙宫，乘大乘之狮子座，更说妙法，以化龙属。"佛陀每每讲法，都有龙王前行听法。

一次，佛对弟子目连说：今天有一位海龙王想来拜访我。佛的话还没有说完，龙王和他的七十二亿弟子、八十二亿眷属已经到了，手中都拿着香花、幢幡、宝盖等供养品。首先，龙王的百千伎乐到佛面前稽首参拜，之后，又绕佛七周，用手中所持的供品向佛供养，又用音乐、舞蹈供养。之后，龙王与他的眷属都前行到佛前供养参拜。

壁画中的龙王及龙众都是人格化的形象，龙王是一身菩萨的装扮：头戴花蔓冠，项饰璎珞，手戴臂钏和手镯，飘带绕身飘飞，手捧宝瓶或宝盒作虔诚供养状。龙王身后的一身夜叉也手持方形供物作虔诚供养的样子。背景画出远山和大海，龙王及眷属下半身都在海水中，水中画出珊瑚和莲花，岸边山势雄奇，道路蜿蜒。山水的画法仍为青绿山水的特征，大片的海水以石绿色染出，山峦则以赭石与石绿相间，表现其向背。墨线勾勒中体现出皴擦的笔法。

第四章 回鹘时期石窟艺术

第四章　回鹘时期石窟艺术

沙州回鹘于归义军末期到西夏占领敦煌之初活动于瓜州、沙州一带，曾控制了瓜、沙二州的政权。这一时期，回鹘在莫高窟、榆林窟都从事佛教活动，对一些洞窟的壁画进行了重绘。榆林窟沙州回鹘时期重绘前代洞窟4个，以第39窟最为典型。壁画内容有说法图、药师经变、药师佛、三世佛、千佛、儒童本生、千手千眼观音、水月观音、赴会菩萨、罗汉、天王、飞天、供养人画像等。其中儒童本生为新题材，回鹘供养人画像具有重要的历史价值。

第39窟

本窟位于榆林窟西崖的北端，原建于唐代，洞窟形制为中心塔柱（图4-1）。洞窟的结构与第17窟完全一致，在中心柱的四面各开一龛，正面及南、北两面龛内分别塑坐佛一身，背面（西向面）佛龛内为立佛。塑像经后代重修，很难看出唐

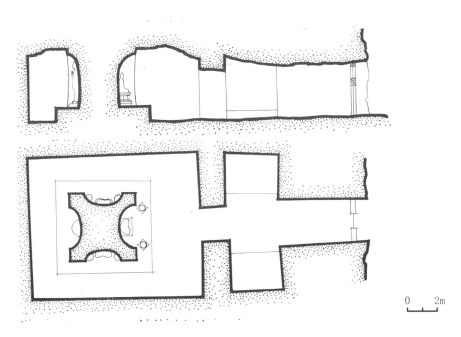

0   2m

图4-1　第39窟平、剖面图

82

代的风格，现存壁画都是回鹘时期重绘，是沙州回鹘时期壁画的代表。前室甬道的南北两壁分别绘制男女供养人。前室呈方形，西壁门南北各画药师佛一铺，南北壁各绘说法图一铺，在南北壁前分别有清塑文殊、普贤像。东壁门南北各绘赴会菩萨四身。主室甬道两壁画千手千眼观音。主室南北两壁前部各画三身佛像，后部各绘罗汉三身（南壁仅存两身）。西壁残损，隐约可见花树与罗汉。东壁门两侧画儒童本生。整窟壁画褪色严重，残存部分色彩较淡，线条大多不易看出，但整体规模宏大，颇有气势。

东壁窟门两侧，各画了一铺儒童本生故事画，构图基本一致，都是定光佛位于画面中央，两侧各有一胁侍菩萨。门北侧的画面中，儒童跪在右下部，长长的头发铺在地上，定光佛站在他的头发上。门南侧画面中儒童的位置正好相反，跪在左下部（图4-2）。故事讲释迦牟尼前生曾为儒童，从小就拜师修行。他聪明好学，上通天文、下知地理，而且守贞孝顺，深得国内大儒的欣赏。

图4-2 第39窟东壁南侧 儒童本生 回鹘

一天，他的老师对他说："你现在德才兼备，为何不游历四方，教化那些愚昧无知的人们？"于是儒童拜别先生到外地云游。

儒童游历到了邻国，看见五百梵志聚会辩论，旁边放着五百块银圆，还站着一位美丽的女子。他们约定：坐高座者须被其他人诘问，学识渊博且能辩胜者，就能赢得钱和女子。儒童就对大家说："我也是梵志，能参加你们的辩论吗？"他们点头同意。于是儒童登上了高座，众人发难提问都非常浅薄，但儒童的回答却非常精辟。五百梵志不能取胜，相互私语道："此人道行高深，智慧宽广，可以做我们的老师。"于是五百梵志一起稽首叩拜，并献上了五百银圆。儒童临行前，五百梵志又商议说："此人虽然道行高深，但为异国人，不应该纳娶我国的妇女为妻，再给他一些钱财。"儒童对他们说："道术高深者其德行也宽广，我所追求的是无欲之道，那是极其珍贵的！"说完就走了。五百梵志听完后感到很惭愧。而美貌女子见儒童离去，便很着急，说道："那位高士就是我的夫君呀。"说完就沿着儒童的足迹一路追去。此女子跋山涉水，不辞辛劳，沿着儒童的足迹徒步寻找了好几个国家，由于脚上生疮起泡，加之精疲力竭，就在路边休息。钵摩国的国王名叫制胜，来到了国界视察，看见此女子疲惫不堪，正在休息，便问道："你是什么人？为何在这儿休息？"女子把事情的原委告诉了国王。国王很欣赏她的毅力和志向，对她的遭遇也很同情，对女子说："你跟随我回皇宫吧，我收你做女儿。"女子回答说："我也不能白白吃闲饭，希望能有点事做，就跟随大王回宫。"国王说道："那就给我采摘名贵花草，供我装饰所用。"女子答应了国王，跟随国王回宫，每天采摘名贵的花草供国王享用。

儒童游化后归国，见路人在清扫路面、填补道路，就好奇地询问行人："百姓都如此欢欣鼓舞，有什么喜庆的事吗？"行人回答说："定光如来将来我国教化众生，所以大家神采奕奕。"儒童暗自喜悦，默默入定修行，内心清净无丝毫杂念，只盼望着佛陀的早日到来。儒童虽然想用鲜花来供养佛陀，但是名贵的鲜花已经被女子采摘完了。一天儒童碰巧在路上又遇到了那位采花的女子，恳请她能给自己施舍几朵，女子送给他五朵。国王、王后和平民百姓都在平整道路，儒童也请他们给自己分得了一些。有个乡民说："还有一条小溪，水流湍急，用土石填堵，马上就被冲走了。"儒童心想："我用禅定之力请天上的小星神下凡，帮助大家填堵小溪吧！"转眼又思忖："供养者，以自身亲自受劳苦为最高境界。"就请小星神下凡运载土石，儒童亲自运送土石填堵溪流。当他把禅力停下来之后，溪流已经填平了，但是还有一点点污泥，而定光佛已经到达了。儒童就解下鹿皮衣覆盖在污泥之上，把五朵鲜花抛向定光佛。鲜花抛向空中后，就像用手种植的一样，不仅排列整齐，而且根扎在土地里。此时，定光佛浑身光明，照耀大地，伸手对儒童摩顶授记，并说："九十一劫之后，你当为佛。那时，世事颠倒，父子反目，六亲不认。那时你该救度众生。"儒童听后心中大喜，飞升到虚空中，离地有七仞；又从空中下来，把头发解开铺在地上，让佛踩着他的头发走过。

儒童本生的故事在吐鲁番地区回鹘时代的壁画中较常见，而在莫高窟却没有出现。榆林窟第39窟绘出了两铺，其风格和构成与吐鲁番柏孜克里克壁画完全一致，体现出浓郁的回鹘风格。

主室南北壁的巨幅罗汉像也是引人注目的内容（图4-3）。佛教讲修行的最高成就为阿罗汉果。阿罗汉，简称罗汉。根据佛经，最早有宾头卢、大迦叶、君屠波叹、罗云等四位罗汉，后来增加为十六罗汉。他们成了弘扬佛法的使者。唐代以后，罗汉的形象开始在绘画中出现，五代画家贯休就以画罗汉像而著称。敦煌石窟中最早出现的罗汉像是西千佛洞第19窟，共画出罗汉像164尊。莫高窟回鹘时期第97窟出现了完整的十六罗汉像，并有题记。榆林窟也在这个时候出现了罗汉像，说明当时罗汉信仰的发展。罗汉像通常画成僧人坐禅修行的样子，写实性较强。在罗汉的

身边通常要画出山水、树木，以表现其
环境。

主室甬道南北两壁均绘千手千眼观
音变，构图风格大体一致。如北壁画面
中观音头戴化佛冠，安详地站在莲花之
上，千手呈对称性地伸张排列，每只手
心都有一只眼睛，所持器物为戟槊、锡
杖、日摩尼宝珠、月摩尼宝珠、化佛、
宫殿、宝钵、净瓶、钺斧、羂索、宝镜、
宝印、宝珠、骷髅、宝螺、宝箭、梵夹、
宝弓，最下两手对称作施无畏印。中间
六只手两两对称，或合掌，或作禅定印。
头顶两身飞天翩翩起舞，散花供养。脚
的左侧是功德天作贵妇人形，脚的右侧
是婆薮仙化作婆罗门老人形。还有两
身胁侍菩萨双手合十，站立在两侧（图
4-4）。

千手千眼观音是观音菩萨的化身。
观音菩萨听佛讲法时，悲悯众生疾苦，
发誓要度尽人间疾苦，解救三界（欲
界、色界、无色界）中的二十五有（有，
代表因果）。如果不能实现自己的愿望，
自己的头便要裂为十份，身体分解为千
份。由于人间苦难深广，观音菩萨救度
不及，就将自己的身体化作四十二段，
每段化作一身观音菩萨，但是还是穷于
应付。此时有佛陀前来告诫说：观音菩
萨不该以残害自己的身体而救度众生，
应该扩大法力实现自己的愿望。佛陀施
展法术使观音的四十二段身体复合，又
给观音生出四十只手臂，每个手心中生
有一只眼睛，表示一个身体和二十五
有，四十只手臂各配以二十五有，即

图4-3 第39窟主室北壁东侧 罗汉 回鹘

图4-4 第39窟主室甬道北壁 千手千眼观音变 回鹘

四十乘以二十五，为一千，故得名千手千眼观音。

　　前室甬道较长，南北壁绘有五十身男女供养人群像。甬道南壁二十三身男供养人像全是着回鹘装的回鹘人，前面第一、三两身供养人像形体最为高大（图4-5）。第一身面相丰圆，头戴三叉冠，身穿圆领窄袖赭色大团花长袍，腰束软硬二带，上挂解结坠、短刀等鞢䩨七事，下穿毡靴，双手执长形供器，身后有一侍从，手握长杖，形体比主人低矮许多。第二身装饰与第一身相似，只是所穿服饰是四瓣花绿色锦袍，手执供物是桃形有底座供器，身后也有一位形体矮小的侍从跟随。从装饰看，第一身和第二身都是武官装扮，他俩的身份地位是最高的。第三身供养像头戴毡冠，呈卧橄榄形，身穿绿色小团花长袍，双手捧钵式香炉。这三身回鹘像的装束说明，他们既不是回鹘可汗，也不是一般身份的回鹘人，而是地方的回鹘首领。甬道北壁女供养人像包括儿童共二十七身。供养人中既有着回鹘装者，也有穿汉装者，回鹘装者头戴博鬓冠，总发为桃形髻，上插金钗步摇，身穿领口呈桃形的窄袖长袍，露出里面的绿色圆领内衣。领口周围较宽的边饰已无法辨认。汉装者头束高髻，戴花冠，身着对襟大袖长袍，披巾，与五代、宋壁画中贵妇人所穿礼服相同（图4-6）。

　　本窟中的儒童本生壁画、佛教人物造型和回鹘装的男女供养人形象都与吐鲁番柏孜克里克石窟高昌回鹘时期壁画风格十分相似，这反映了敦煌沙州回鹘与高昌回鹘的密切关系。

图4-5 第39窟前室甬道南壁 男供养人 回鹘　　图4-6 第39窟前室甬道北壁 女供养人 回鹘

第五章　西夏、元代石窟艺术

第五章 西夏、元代石窟艺术

西夏时期，榆林窟新建 4 个窟，包括第 2、3、10、29 窟，重绘前代 5 个窟。元代新建 2 个窟（第 4、27 窟），重绘前代 9 个窟。第 2、3、4、10 窟建于东崖下层，第 29 窟建于东崖上层北端，第 27 窟建于东崖上层北侧第 28、29 窟两个大窟之间。此时洞窟形制除第 27 窟平面为纵长方形、窟顶为纵券顶外，其余各窟均为覆斗形顶，平面方形，设中心佛坛，佛坛上塑佛像（现存彩塑均为清代重塑）。壁画题材内容主要有传统形式的经变画、密教曼荼罗、供养人画像、装饰图案画等。

第 29 窟

洞窟位于东崖北端的上层，坐北朝南，开凿于西夏晚期，元代补画窟顶内容并在窟内加砌五层圆形中心佛坛，洞窟各处程度不同地遭受烟熏。洞窟结构有前后室，前室平面呈不规则形，与禅窟相连，窟顶呈一面斜坡形；主室（后室）平面方形，覆斗形窟顶，四壁不开龛，中央设方形佛坛，上设五层圆坛，面积逐层内收，窟内佛坛上原似塑有藏传密教的彩塑多身。此窟由于保存了大量的西夏供养人像，并有相应的西夏文题记，具有重要的历史价值。研究者根据西夏文题记等相关的信息，确认此窟为西夏时期赵祖玉、赵麻玉家族开凿。赵祖玉是沙州监军司官员，赵麻玉为赵祖玉之子，任瓜州监军司通判奉纳。在榆林窟第 19 窟通道南壁，有一则刻写的题记："乾祐二十四年……甘州住户高崇德小名那征到此画秘密堂记。"经很多学者研究，已确认这里所说的"秘密堂"就是第 29 窟。"那征"这个名字为西夏党项族人名，高崇德小名为那征，说明他本为党项族，后来取了个汉族名字高崇德。第 29 窟就是来自甘州（今甘肃省张掖市）的画家高崇德所绘。当然，这样大规模的洞窟，不可能由一个人完成，高崇德应是其中主要的画家，或者说主画手。这则题记还说明了第 29 窟营建时间为乾祐二十四年（1193 年）。通过对赵祖玉家族历史情况的研究，学者们也发现赵祖玉在榆林窟营建秘密堂的时间与高崇德题记中所写的时间吻合。这是榆林窟唯一一座可以确认开窟年代的洞窟。

主室正壁（北壁）中央画说法图一铺，两侧画水月观音各一铺。东壁中央画文殊变，北侧画药师经变，南侧画金刚曼荼罗一铺。西壁中央画普贤变，北侧画净土变，南侧画金刚曼荼罗；南壁门两侧画供养人像。

东壁北侧的药师经变（图5-1），上部绘出三间大殿，药师琉璃光佛居中央大殿，左手托钵、右手抚膝，结跏趺坐于莲花座上。其右侧胁侍为月光菩萨，左侧胁侍为日光菩萨，都头戴云镂冠，饰耳珰，垂缯，长眉细眼，鼻梁高直，嘴角上翘，面相圆润饱满，具有典型的西夏晚期人物形象的特征。菩萨周围有天人、罗汉跟随。画面下部画出众多的听法天人、罗汉等，中央有净水池，池中的莲花盛开。

图5-1 第29窟东壁北侧 药师经变 西夏

本窟的药师经变以及净土变、文殊变、普贤变等都是唐以来比较流行的题材，但在表现形式上却与唐代的传统不同，体现着新的时代特征。如药师经变的构成，没有唐代那种宏伟壮观的宫殿楼阁。药师佛坐在殿堂中的佛座上，两侧有众菩萨，前面可见栏杆，表明是建筑的近景。在殿堂之前有平台，上面有不少菩萨天人在听法，平台前有莲池，这是净土世界的象征。宋代以后建筑画一个新的特征，就是不再画鸟瞰式的殿堂全景，而只画建筑的一部分，画面更加具体而写实了。东西壁的文殊变（图5-2）和普贤变（图5-3），分别画骑狮的文殊菩萨与乘象的普贤菩萨，周围簇拥

图5-2 第29窟东壁中央 文殊变 西夏

图5-3 第29窟西壁中央 普贤变 西夏

着随行的天人。令人注目的是作为背景的山水，将云彩和山峦分别描绘成十分规则的形状，具有图案化的效果。而且采用水墨的画法表现山峦，显然是受宋以来水墨山水画的影响所致。文殊和普贤的侍从人物虽为天人，却十分写实，表现出世俗人物的特征。如普贤变中的老人，穿长衫，足踏芒鞋，拄杖而行，神态生动。旁边还

图5-4 第29窟西壁 秃发童子 西夏　　　　　　图5-5 第29窟东壁南侧 金刚曼荼罗 西夏

有一位幼童，可能是善财童子，头上秃发，双手合十，仅穿上衣，下体赤裸，表现出儿童的天真神情（图5-4）。

东壁南端的金刚，黄发竖立，三目圆睁，目放怒火，口中含蛇，左手抓蛇尾，右手上举握金刚杵，右腿拉开形成弓步，左腿直蹬踩三头蛇，身体半裸，只有腰部围着虎皮，耳饰耳珰，项饰璎珞，腿饰环钏，椭圆形的绿色头光更增添了几分神秘（图5-5）。金刚杵是古印度的一种兵器，后来演化成佛教密宗中的法器，具有斩断烦恼、降服恶魔、智慧尖锐的象征。

主室南壁门两侧画供养人，东侧为男供养人，以国师为首。东侧供养人分上下两排，上排左侧以较大的画面绘制国师画像（图5-6）。国师坐在方形须弥座上，右手拈花，左手伸于胸前，头戴山形冠，身披袈裟，目光专注而坚定地望着前方。身后有项光，身前有供案，一童子在身后为他撑着圆形的伞盖。须弥座前有数十位僧人，都在双手合十，礼拜供养，有些盘腿打坐，有些肃然站立。右侧的榜题书写着西夏文，译作"真义国师昔毕智海"。"昔毕"或译作"西壁"，是西夏王国党项族的大姓。榜题文字是我们判断他是国师的依据。西夏崇奉佛教，而国师大都能译

经、校经，精通佛教礼仪，因而国师在西
夏享有崇高的地位，除了西夏国王之外，
其他人都必须礼敬国师。西夏见之文献记
载的高级僧人有：帝师（西夏晚期出现）、
国师、德师、法师、禅师、仁师、忠师等。
《天盛律令》卷10"司序行文门"记载："皇
帝国院、皇太子、诸王等之师名，皇帝之
师监承处：上师、国师、德师。皇太子之师：
仁师。诸王之师：忠师。"

　　紧接国师身后又有三身男供养人（图
5-7），第一身的西夏文榜题，译成汉语是
"□□□沙州监军……执赵麻玉……"，第
二身、第三身的题记文字均模糊不清，但
可知均为赵麻玉之子。第二身供养人下又
有一小孩，题记表明是赵麻玉之孙没力玉。
在国师像下部一排供养人的第二位题记文

图5-6 第29窟南壁东侧 国师像 西夏

图5-7 第29窟南壁东侧 供养人像 西夏

字完整，全文为："施主长子瓜州监军司通判奉纳赵祖玉一心归依。"据考古学家研究，赵祖玉是真正的窟主，他的身份是"瓜州监军司通判奉纳"，赵麻玉是他的父亲，没力玉是他的儿子。当他主持开凿此窟时，把他的父亲赵麻玉及一大家族的人员都画了出来。壁画中男供养人在服饰上有着共同的特征：头戴云镂冠，身穿圆领窄袖红色长袍，脚穿黑靴子，腰间有护髀、束带。这些打扮就是西夏时期武官的装束，从题记也可知道他们都是瓜州的军职官员。他们在体形上也有着共同的特点：身材魁梧，体形高大，面形长圆，两腮丰满，细眼小嘴而唇略厚。这也是西夏民族的外貌特征。赵麻玉之孙没力玉供养人像有着与众不同的特点，不是直接画在墙壁上的，而是画在纸上后贴在墙壁上的，应该是壁画绘制完后所作的增补。此身儿童与第三身供养人身后的另外两身儿童均免冠、秃发，是西夏党项族秃发习俗的形象资料。公元1033年，西夏国王李元昊颁布秃发令。元昊身先士卒，首先自己秃发，然后下令西夏境内的人民三日内必须秃发，如果有违抗命令的，立即执行死刑。壁画中的这三身童子，都是剃去头颅顶部以及后脑勺的头发，保留两颊上面的头发和前刘海。古代，一个民族的发型是一个非常重要的问题，是这个民族的重要象征和特征之一，也体现了这个民族的一种精神面貌和民族性格。

南壁西侧画女供养人，与南壁东侧男供养人的布局大致相似，也分上下两列。

图5-8 第29窟南壁西侧 女供养人像 西夏

上列也画僧人一铺（图 5-8），榜题题记是"出家禅定……那征平一心□□"。紧随其后的供养人被烟熏黑严重，形象不辨。下列为首的也是一位僧人，西夏文题记翻译为汉语是"出家和尚庵梵亦一心皈依"，这里的"和尚庵"其实是我们现在所说的"尼姑庵"。通常在女供养人行列前头的应是比丘尼领头。比丘尼内穿左衽大袖绿色锦袍，外披红色袈裟，双手合十，目光坚毅地望着前方站立着。紧随其后的全部是女供养人，共有六身，根据题记可知她们是东侧武职男供养人的夫人、女儿和儿媳。她们形象丰腴而健美，都头戴花钗冠，身穿右衽窄袖绣花长衫，内穿长裙，脚穿圆口尖钩鞋，双手合十，手间夹着花枝，毕恭毕敬地站立礼拜。

本窟壁画体现出西夏人物造型方面的特色，无论男女均身材修长高大，头部呈长椭圆形，头部与全身之比为 1：7 到 1：8，面部较圆润丰满，腮部外突，下巴窄，眉粗而短，眼睛、嘴唇与耳垂相对细小，耳垂向外撇，眼睛全呈单眼皮，充分地表现出西夏党项民族的特征。绘画技法上，以铁线描为主，辅以兰叶描和折芦描，显示出画师们良好的线描造型功底。敷彩使用颜料比较简单，仅赭红、铁朱、黄丹、石绿及黑白而已。壁画以暖色为基调，赭红、铁朱使用较多，善于应用浓淡深浅之对比及多种晕染等手法，以求变化，使壁画的色彩并不感到贫乏单调，并富有体积感。

第 2 窟

本窟建于西夏，元、清重修。平面为方形，覆斗形顶，中心设佛坛。佛坛上存清塑文殊菩萨及侍从一铺七身。主室窟顶藻井画盘龙井心，璎珞垂幔铺于四披，下画千佛两排（元代补绘数身）。东壁中央画文殊变一铺，文殊上部画涅槃图。南北两侧各画一铺说法图，在文殊变与说法图之间及正壁两边共有四幅条幅式画面。这些画面的具体内容及其佛经依据目前尚不清楚，有人认为是观音救苦救难的场面。南北两壁各画说法图三铺，从听法的菩萨和天龙八部众神的形象及服饰看，具有西夏人物的明显特征。西壁门南北侧各画水月观音一铺。下部画西夏供养人画像，并有西夏文题记。

窟顶藻井井心绘蟠龙（图 5-9），佛教中龙是护法的天神，传入中国后，与中国传统文化中的龙合二为一，因而在中国的佛教寺院和石窟中，龙的地位受到特别重视。中国传统的龙源远流长，起源于距今 8000 年前的新石器时代，人们出于对大自然的崇拜与五谷丰登的美好祈愿，赋予龙翻云覆雨、兴风作浪的神力。古代中国的统治者把龙作为皇权的象征，所以龙具有至高无上的权力和不可侵犯的地位。数千年来，龙已渗透到中国社会的各个方面，成为中华民族的象征、中国文化的象征。但最初龙的形象与蛇差不多，可见龙的想象源于蛇。后来在漫长的历史发展中，龙的形象逐步丰富起来，到宋元以后，龙拥有马头、鹿角、蛇身、鱼鳞、鹰爪、鱼尾

图5-9 第2窟窟顶 藻井 西夏

等奇异的特征。藻井中心的龙，身体弯曲成环形，正昂首张开大口。龙有四爪，身体以白色和红色点缀出鳞甲，使龙身光润而有立体感。龙的周围以黑白红绿等色相间叠晕而成逆向旋转的两个圆环，具有很强的动感，尤其是外圈以黑白红绿诸色相间绘制的环状图案，形成急速旋转的动势，衬托出龙的动感。圆环外绘出舒展的云纹。井心外有多层边饰，分别为回纹、联珠纹、波状花卉、菱形花纹、小团花等，与旋转的龙形成方与圆、静与动的对比，具有强烈的装饰效果。土红色与石绿、白色相间，表现出绚丽的效果。

正壁（东壁）中央画文殊菩萨一铺，文殊手执如意坐在狮背上，左右是文殊的侍从。文殊的上方画佛陀涅槃图：佛陀右胁而卧，弟子、菩萨等围绕在佛床周围，虽然只有寥寥数十位侍从，但每人的表情不同、形象各异。文殊的两侧各画一幅说法图，南北两壁各并排画三幅说法图，这八幅说法图构图形式相似，表现的主题相关，都是佛结跏趺坐在莲花宝座上，左右胁侍文殊、普贤两大菩萨，后是众弟子、菩萨和天龙八部侍立，前有比丘、比丘尼、天众等礼拜供养。据《法华经》记载：日月灯明佛未出家时有八个儿子，后来都随他出家了。佛涅槃后，有一位菩萨名叫妙光，他就是文殊，八子都以文殊为师，文殊教化他们，使他们次第成佛，最后一位成佛者名叫燃灯。此窟佛坛现存清代塑文殊一铺，推测当时的原塑也应该是以文殊为主尊。本窟以文殊为主尊，文殊图上方绘涅槃图，加上这八幅说法图，表现的主题正

是《法华经》所记载的日月灯明
佛入灭后，文殊教化其八子依次
成佛的故事。

本窟令人注目的是西壁门
南北两侧各有一幅水月观音
图。南侧的水月观音图（图
5-10），在透明巨大的身光圆轮
中，映衬出一位头戴宝冠、项
饰璎珞、长发披肩、腰系长裙
的观音菩萨，观音右臂轻轻搭
在屈起的右膝上，右手轻拈串
珠，左手微抚岩石，悠然自在、
若有所思地坐在水边的岩石上。
水中盛开着的一对莲花承托着
观音菩萨的双足。右侧的岩石
上摆放着花盘和插有柳枝的净
瓶，身后修竹摇曳、怪石嶙峋，
天空祥云缥缈、灵鸟蹁跹。画
面左下侧，龙女双手合十，正
在虔诚礼拜观音。

图5-10 第2窟西壁南侧 水月观音 西夏

北侧的观音肩披绿色大巾，
下穿红蓝二色裙，左手抚左膝，
右手持飘带自然伸到胸前，神情
悠闲地坐在岩石上，似乎正在仰
望寂月，凝神遐思，又似乎在聆
听世间疾苦，准备随时救苦救难
（图5-11）。观音一侧的岩石上
摆放着花篮和插有柳枝的净瓶，

图5-11 第2窟西壁北侧 水月观音 西夏

身后灵石矗立，岩石后面露出绿竹。脚下碧海茫茫，海面上一童子正乘云而来，合
掌向观音礼拜，这就是善财童子至普陀珞珈山参拜观音的情形，即"童子拜观音"。
天空彩云浮动，一弯新月高悬天际。大海岸边的平地上，一位年轻英俊的汉族僧人，
身披袈裟，双手合十，仰首虔诚地隔水遥礼观音。僧人身后有一位头戴金环、披散
着头发、形貌如猴子的男子，右手举到额前，遥望远方，左手牵着仅仅露出头部的

马。此画面表现的就是唐僧取经的故事，青年僧人就是玄奘，猴脸人物就是孙悟空。在历史上，玄奘取经是确有其事的。唐太宗贞观元年（627 年），28 岁的玄奘开始了西行求法的历程。玄奘取道瓜州，出玉门关，过五烽，经莫贺延碛大沙漠而至印度。其间，玄奘曾在瓜州逗留月余，与瓜州人民结下了不解之缘。玄奘取经故事在瓜州流传深远，最终进入画家的视野，绘制在榆林窟的壁画中。

南、北两幅水月观音图，在艺术上有异曲同工之妙：方形的画面中，以对角线构图，下部表现观音、龙女、善财童子、岩石、大海、修竹，上部则只有一片彤云点缀，画面大部分是空白的天空。这种对角线构图、虚实对比、大量留白的手法，源于南宋山水画的流行风格，正是画史上所谓"马一角、夏半边"（马远常在画面中只画一角，大部分留白；夏圭的山水画也常常只画半边，而有半边留白）的特征。壁画中的这种构图，在有限的壁面上拓展了画面无穷无尽的空间，给观者留下了回味无穷的想象世界。尤其是观音身后轻薄透明的圆光，既像一种圈点重点的符号，指明了观音在本图中的主体性，又犹如一面轻薄的镜子，观音好像就是映照在镜子中的像。这种艺术手法，增加了画面空灵、悠远、神秘的氛围；圆形的头光、背光又为方形的画面增添了灵气和活力。总之，整个画面使远近、方圆、虚实、动静，和谐而又统一起来。在色调上，两幅壁画都以青绿色调为主；又在观音的面部、身体部位贴金，对比天空部分的彩云，更显得金碧辉煌。现在贴金部分已经氧化变黑，但仍可以感受到清新淡雅、宁静悠远的意境。

据画史记载：水月观音为唐代画家周昉所首创，诗人白居易看到后惊叹不已，赋诗赞美道："净渌水上，虚白光中。一睹其像，万缘皆空。"白居易的诗句，是对水月观音艺术美感和画面意境的高度概括。水月观音把佛教的菩萨放在有山水树木的背景中，且以月光来衬托意境，这在印度佛教艺术中是看不到的，完全是中国式的观音。而水、月或水中月又是常见的佛教比喻，它们是针对无常与世间的一切而说，通常也被认为以水中之月来比喻"色即是空、空即是色"的般若思想。可以说水月观音是中国传统美学精神与佛教哲理完美的结合，是以中国山水画的境界来表现佛教内容的典型作品。

第 3 窟

本窟位于东崖下层北侧，坐东向西，平面为长方形，窟顶为浅穹隆顶，窟中央设八角形三级佛坛，为曼荼罗（坛城）形式（图 5-12）。洞窟正壁及两侧壁下部清代环砌佛坛，中心佛坛与周壁佛坛上原有清塑四十余身，南北壁的佛坛与塑像已被拆除。窟顶中心为金刚界五方佛曼荼罗，四周画边饰、璎珞垂幔及千佛。东壁中央绘八塔变，南侧绘五十一面千手千眼观音变，北侧绘十一面千手千眼观音变；南壁

图5-12 第3窟内景

中央绘观无量寿经变，两边分别绘金刚界曼荼罗和观音曼荼罗；北壁中央绘净土变，两边分别绘金刚界曼荼罗和不空羂索观音曼荼罗；西壁门上绘维摩诘经变（残），门南普贤变，门北文殊变。本窟开凿于西夏晚期，经元代重修。甬道的南北两壁的上方是西夏时的供养人，但下部已经是重绘后的元代供养人了。

窟顶中央画圆形的金刚界曼荼罗。在中央圆轮内有五身佛：居中的是大日如来，东面是阿閦如来，南面是宝生如来，西面是无量寿如来，北面是不空成就如来。圆轮的四隅各画誓水宝瓶。圆轮外方形坛场的四隅画四身菩萨，分别是金刚波罗蜜菩萨、宝波罗蜜菩萨、法波罗蜜菩萨、业波罗蜜菩萨，是大日如来最为亲近的四身波罗蜜菩萨。坛场四面门内画四身明王。佛住于自性为法身，称自性转身；菩萨现真实身，以正法度人，称正法转身；明王受佛之教令，化现愤怒相，能摧伏一切怨敌淫魔，称教令转身。在曼荼罗外的四角各画一金刚杵，象征佛智的无坚不摧。窟顶的曼荼罗图案圆中含方、方中套圆，象征着无所不包的佛法。整个曼荼罗画幅很大，抬头仰望时给人心灵以极大的震撼。窟顶曼荼罗外的边饰图案非常精美，从内往外依次是四瓣花联泉纹、回纹、波状卷草宝相花纹、千佛、莲瓣纹、连锁龟背纹、波状花卉鸟兽纹，最外层是垂幔。

正壁（东壁）中央绘八塔变，是根据《八大灵塔名号经》所绘（图5-13）。八

图5-13 第3窟东壁 八塔变 西夏

塔包括兰毗尼园佛降生处、尼连禅河畔成道处、鹿野苑初转法轮处、祇陀给孤独园现神通处、曲女城为母说法处、耆阇崛山说《法华经》等大乘法处、毗耶离城维摩诘示疾处和跋提河畔娑罗树林涅槃处。图中央为一大塔，两侧各画六塔，可以辨识的内容有释迦降生、猕猴奉蜜、降魔成道等。中央大塔表现降魔内容，塔刹饰以华丽的莲花，这一形式与莫高窟附近成城湾现存一座宋代花塔一致，可见是有现实依据的。画面上塔顶为莲花帐顶，每瓣莲花上各画一座塔，塔中都坐着一身佛，莲花的顶端又有一身佛塔，这是佛的法身毗卢舍那的象征。顶部左右两角画魔军正在疯狂地进攻释迦牟尼，这两身魔鬼凶神恶煞、面目狰狞、长发蓬松、青面獠牙，身长六臂；一手执刀、一手持戟、一手拿弓、一手握箭、一手执盾、一手扬鞭，似乎要置释迦牟尼于死地。这是表现释迦修道即将成佛时，魔王波旬纠集部众向释迦发起的种种进攻，企图置释迦牟尼于死地。释迦牟尼运用神通力降服了魔军，最终使魔王及其部下皈依了佛教。降魔是释迦牟尼一生中非常重要的事情，也是佛教中具有代表性的一件事，它是释迦牟尼从凡俗转向觉悟者的转折点，降魔之后，释迦牟尼才真正成道变成了佛陀。其实，释迦牟尼降魔的过程不仅是战胜外部恶势力企图阻止自己成佛的过程，也是释迦牟尼战胜自身心魔的过程。释迦牟尼通过克服自身的种种精神障碍，最终达到了心灵的解脱与平静，把爱欲、烦恼、忧愁、饥渴、虚伪、怯懦、名利等全抛在了九霄云外，从而达到了真正的心无牵挂和大彻大悟。

降魔大塔的正上方就是释迦牟尼涅槃图。释迦牟尼右胁而卧，头枕在中国式的方形枕头上，右手支颐，左手放在身上，双足并拢，表情非常平静、安详、淡泊、超然。六身举哀弟子站在释迦牟尼身后，表情各不相同。佛足前，站立着一身老年妇女，身穿长衫，头发扎成发髻，表现的是佛的母亲摩耶夫人。她听说佛即将涅槃，从忉利天宫下凡来到人间，亲自见佛一面。佛头的一侧画四身佛，佛足的一侧画三身佛和一身菩萨（最后一身为菩萨），加起来就是七佛一菩萨。表现的是过去七佛毗婆尸佛、尸弃佛、毗舍婆佛、拘留孙佛、俱那含牟尼佛、迦叶佛、释迦牟尼佛和即将成佛的弥勒菩萨。涅槃，意思为灭度、入灭、寂灭等，是佛教修行所要达到的最高理想，是对生死、烦恼诸苦的彻底断灭后而获得的一种最高境界，从而达到不生不灭、永不轮回的境界。因此，涅槃也是释迦牟尼一生中具有里程碑意义的大事。从画面所处的位置看，涅槃图处于顶端非常重要的位置。通常八塔变都用八座塔来表现佛传中的八项内容，但本窟的八塔变只画了七座塔，而把涅槃的内容按涅槃变的形式画出，没有画塔。

东壁南侧绘五十一面千手千眼观音经变（图5-14）。本窟五十一面千手观音，累头十层，五十一面形成宝塔状。观音头上有三座七层宝塔，正上方的宝塔上坐一化佛，

图5-14 第3窟东壁南侧 五十一面千手千眼观音 西夏

化佛佛光中有承露盘，盘中宝珠中出现须弥山，山顶有忉利天宫，忉利天宫上面还有化佛和缥缈的云气。"千手"并非确指，而是以"千"喻多。"千眼"表示智慧无穷，"千手"表示法力无边。图中不一定有一千只手，但也有数百只手，每只手中有一只眼，在观音的身上围成一个圆圈，其中有一百六十六只手中持有器物。《千手千眼观世音菩萨大悲心陀罗尼经》规定了千手千眼观音所持的物品内容，其中有四十一只手中的器物与经中相符，其他的则是表现西夏社会生活中的物品，有人物、动物、植物、乐器、兵器、法器、法物、宝物、建筑、宝池花树、交通工具、生产工具、生产活动场面等。生产工具有犁、锄、耙、镰、锯、斧、斗、钜、熨斗、船只、耕牛等。生产活动有舂米、打铁、酿酒、耕作、挑担等，还有其他百工、百艺的形象。观音千手之中又有八手各拿一个净瓶分别从两边倾倒甘露。此铺壁画所绘的内容是考察西夏社会经济生活的珍贵资料，具有很高的社会价值。特别是"冶铁手""酿酒手""牛耕手"等真实地反映了西夏社会的生产生活场景，有很高的科技史价值。

冶铁（见图1-14）：图中竖立着高大的立柜式风箱把画面一分为二，风箱一侧

一人穿小口裤子，脚蹬麻鞋，上身所披衣衫裸露着一面肩膀，坐在方石上，两手一前一后拉动风箱。这一部分画面应该是表现打铁的前期准备工作，即正在给生铁加热。这种立柜式风箱上装着两个竖长的活动木板，通过木板的一前一后交替开合，推动空气中的氧气流动来连续鼓风。在元代的文献记载中已经出现这种风箱。我国使用木风箱鼓风进行冶炼，比欧洲早500—600年。我国的鼓风技术大约经历了这样一个过程：自然风——皮囊鼓风——立柜式单木风箱——立柜式双木风箱——活塞式木风箱——电动鼓风机。至今，有些偏远落后的农村仍然在使用活塞式木风箱鼓风烧饭。英国科技史专家李约瑟在《中国在铸铁冶炼方面的领先地位》一文中说："中国从未用过楔形鼓风器，而经常使用长方形的风扇。这类风扇首先见于10或11世纪西夏榆林窟壁画。"鼓风技术的发达促进了冶铁和铸造技术的发展，享有盛誉的西夏铁制甲胄和刀剑就是在这种鼓风技术的前提下产生的。文献记载：西夏冶铁业规模不小，水平较高。风箱的另一侧，两个与鼓风手装扮差不多的年轻人面对面站着正在锻铁，一人用一只手拿着钳子夹住放在铁砧子上的铁块，另一手高高举起大铁锤正准备使劲击打铁块；对面的另一人也高举大铁锤准备敲打铁块。我们似乎能够听见他们俩一前一后重锤落到生铁上的叮当作响之声。

酿酒（图5-15）：画面上有两位妇女，一人蹲在灶火前，一手正往熊熊燃烧的火中添加薪柴，一手拿着吹火筒准备随时吹火，她身边的空地上摆放着高足碗、酒

图5-15 第3窟东壁南侧 酿酒图 西夏

壶和木桶。另一个妇女站在塔式蒸馏器旁，一手伏在灶膛上，一手举着酒杯，俯视着烧火的妇女述说着什么，似乎给烧火的妇女讲述品尝美酒的感受。

本图中的塔式蒸馏器绘制于西夏。1959年，何丙郁和李约瑟两位先生考证此图像为烧酒蒸馏器，我国许多科技史的专家经过详细考证后赞同这种说法；1975年，河北省承德市青龙县出土了金代铜质蒸馏器，其制作年代最迟不超过1161年的金世宗时期（南宋孝宗时）。这一切，都为我国的烧酒技术的年代提供了有力的佐证。

牛耕（图5-16）：农夫右手扶犁，左手扬鞭，一黑一白两头健壮的耕牛正拉着一具直辕犁奋力向前犁地。这种牛脖子上架一木制牛鞅子、两侧系两根绳子用来拉犁的方式，至今仍然是利用牛力耕地、种田、拉车等传统方式。不过，壁画中的直辕犁出现在西夏社会生产生活中已经是落后的农具了，在敦煌莫高窟的唐代壁画中已经出现了比直辕犁更加先进的曲辕犁。这也从侧面反映了西夏民族从游牧骑射向农耕定居缓慢发展的进程。

图5-16 第3窟东壁南侧 牛耕图 西夏

舂米（图5-17）：一位裹着头巾、上身穿着交领短衫裤、脚穿麻鞋的农夫双手扶着支架，正在用力踏碓。壁画上的碓，是用一根固定的木杠架起另一根木杠，两根木杠形成十字形，在上面能够活动的木杠的一端装上一块圆形的石头（或木头），然后用脚连续踩踏活动木杠的另一端，石头就连续起落，以此来去除石臼中粗米的皮。此图中的碓比用石臼和杵捣米先进了很多。一旁有舂好的米和簸箕。

图5-17 第3窟东壁南侧 舂米图 西夏

图5-18 第3窟东壁北侧 十一面千手千眼观音 西夏

东壁北侧画十一面千手千眼观音（图5-18）。观音本体面相加上本体面相上部的十个面相共十一面。《佛说十一面观世音神咒经》中规定十一面的形象为："当前三面作菩萨面，左厢三面作瞋面，右厢三面似菩萨面狗牙上出，后有一面作大笑面，顶上一面作佛面。面悉向前后着光。其十一面各戴花冠。其花冠中各有阿弥陀佛……"而另外一些经典的规定略有不同。这铺十一面观音头像分为五层，从下到上呈三、三、三、一、一面排列。最上一面是佛面，从佛顶肉髻上发出毫光，伸向天空，空中现出坐佛。佛面之下作瞋怒相，脸青色；以下各面均作慈悲相。单单看观音的十一面加上头光，好像一只美丽的宝瓶，也好似一座精致的宝塔。十一面观音，象征着大乘佛教的菩萨修完了"十地"（菩萨按照修行程度的不同分成十个等级，最低一级是初地，最高级别就是十地，出了十地就成佛了），成功地到达了第十一地——佛地。观音的千手伸展开来形成一个美丽的圆环，犹如孔雀开屏一般。每只手中都有一只眼睛，千手、千眼便能更好地救度众生。手中所持宝物形状各异、大小不同，它们互相映衬，显得美轮美奂。其中有日摩尼宝珠、月摩尼宝珠、宫殿、戟槊、宝剑、金刚杵、梵夹、化佛、宝钵、宝瓶、绢索、宝镜、宝珠、法轮、莲花、柳枝等，还有一些乐器，如鼓、琵琶、钹等。

南北两壁的中间各画净土变一铺，两铺净土变在佛寺建筑布局与人物规模和人物排列组合方式上大同小异，透视上都采用了鸟瞰的角度，更多地注意画面整体配置上的装饰效果。

北壁正中须弥座台基上建重檐歇山顶殿堂，面阔三间；殿左右紧连后廊；殿前庭院有左右二水池，池中各有一座两层楼阁，重檐歇山顶，都有平座层。前部建筑都沿岸架立在水中的木台上，正中是一座单层重檐歇山顶殿堂，四面各接出一龟头屋；左右各有一座重檐攒尖顶方亭。西夏的净土变不像唐宋时那样将众多人物密集重叠地聚集在画面的中央位置，而是相对均匀地分布在庭院和建筑之中。北壁后部正殿内，只画了主尊阿弥陀佛和观音、大势至两身胁侍菩萨，其余的菩萨、天人都分散到了后廊之中；佛的十大弟子、八大菩萨诸天、四大天王和八部众等，都画在了庭院的绿地上。

南壁经变画中后廊的左右两端建有重檐攒尖顶方亭，在庭院左右水池中的楼阁下层四面都接出一间歇山面朝前的龟头屋，前部的三座建筑都是单层重檐歇山顶三间殿堂并连以廊庑，可以看作是寺院的三座门屋。在前部的门屋之内表现乐舞场面，东西两侧的门屋内，各有一身手握长巾的舞者翩翩起舞，两身舞者头戴宝冠，上身半裸并斜披绸带，下着长裤短裙，赤足而立，随着音乐的节奏扭动着身体并挥舞着手中长长的飘带，两侧分别有四人正在伴奏。乐器有排箫、钹、埙和鼗鼓（拨浪鼓）、阮咸、筝、拍板、腰鼓等。

西壁门两侧分别绘文殊变与普贤变。文殊菩萨专司智慧，称为"智慧第一"，与"德行第一"的普贤菩萨常常是释迦牟尼的两大胁侍菩萨。西壁门北的文殊变绘文殊菩萨及眷属在云海中行进，上部以雄奇的山水为背景（图5-19）。文殊菩萨手持如意安详地坐在青狮背莲花座上，目光专注地俯视下方，形象丰腴、俊雅、坚毅、沉静，身上的飘带随风飘扬，神情优雅，婀娜多姿，宛然一位温文尔雅、慈祥和善的贵妇人形象，在头光和身光的映衬下，更有一种难以言喻的冷峻美（图5-20）。象征威猛、智慧的青狮足踏红莲、步伐矫健，西域式武士形象的昆仑奴左手握鞭、右手使劲往后拉着桀骜不驯的狮子。周围的帝释、天王、菩萨、罗汉、童子等圣众，错落有致地簇拥在文殊周围，怡然悠闲地漫步在云雾茫茫、飘飘荡荡的云海之上，十余位侍从形象形成了共同渡海前行的壮阔场面。文殊身后群峰耸立、奇石突兀、云蒸霞蔚、迷雾蒙蒙，山峦楼宇隐现于烟云山水之中；彩虹横跨群峰，古刹隐藏幽谷。这个美丽神秘的地方就是文殊的道场清凉山，相传中国的五台山就是文殊的道场。

图5-19 第3窟西壁北侧 文殊变 西夏

图5-20 第3窟西壁北侧 文殊菩萨 西夏

　　西壁门南绘制普贤变（图5-21），普贤菩萨手执梵夹坐在六牙白象背上的莲花座上，白象四蹄踩踏在莲花上，光头象奴双手紧握缰绳用力拉拽着白象。梵天、天王、菩萨、罗汉等侍从，错落有致地跟随在普贤菩萨周围，十几位圣众衣带、披巾、裙裾、衣袖随风飘扬，没有被云海遮挡的远山近水清晰可见，使圣众行走在波涛滚滚的云海之上的动势跃然壁上。普贤身后，奇峰凸起，雾锁山腰，瀑布飞泉一泻千里，寺院楼阁错落有致，水榭雕栏曲径通幽，竹舍茅屋清静简朴，远近山水相映成趣，南国草木馥郁繁茂（图5-22）。在普贤变左侧的一角，绘出唐僧取经图（图5-23）：在激流滚滚、深不见底的河岸边，玄奘法师光着头，身披袈裟，脚蹬麻鞋，目光专注，遥望远方，弯腰合十作祈祷。紧随身后的是猴脸孙悟空，龇牙咧嘴，仰头望天，双手合十作礼拜祈祷状。唐僧身后的白马迎风而立，马头上扬，马尾低垂，分明是长

图5-21 第3窟西壁南侧 普贤变 西夏　　图5-22 第3窟西壁南侧 普贤变上部山水画 西夏

图5-23 第3窟西壁南侧 唐僧取经图 西夏

途奔波刚到此歇息的样子。马背上披着鞍鞯，鞍鞯上盛开着莲花，莲花上盛放着经包，经包光芒四射。马背满载经包表明这是取经返回中原的形象。本窟与第2窟以及瓜州东千佛洞壁画中的几幅唐僧取经图都比吴承恩写出《西游记》的时间早300余年，是早期图像版本的"西游记"。宋代文学家欧阳修曾记录他在景祐三年（1036年）所见扬州寿宁寺经藏院"画玄奘取经一壁独存，尤为绝笔"，这恐怕是文献记载中最早的玄奘取经图了，可惜扬州的壁画早已荡然无存，如今只留下让人怦然心动的文字记载。而榆林窟的玄奘取经图，就是迄今为止发现时代最早的形象资料。

文殊变与普贤变这两铺巨型的经变，不仅在人物表现上通过线描造型达到了极高的艺术造诣，而且在山水画的表现上也取得了重要成就。五代以后山水画逐渐成为中国绘画的主流，北宋山水画家如范宽、郭熙等在表现雄伟壮观的山水画方面创作出不少经典作品，郭熙还总结出山水画"高远""深远""平远"三种表现手法的"三远法"。南宋以后，马远、夏圭等画家们又在近景山水画方面取得了新的成就，对山、石、树木的表现细致入微。本窟文殊变与普贤变中的山水，既体现了北宋山水的雄奇壮阔，在近景的树石中又反映出南宋山水画的一些特色，说明两宋绘画对西夏的影响。

窟顶的金刚界曼荼罗属于藏传佛教内容，其明王像头大、身长、腿短、圆眼、咧齿，作忿怒状，是当时典型的藏画风格。北壁曼荼罗中的供养菩萨像丰乳细腰，头戴花冠，颈饰花环，一手举攀树枝，在蓝色光环中扭腰投足，婆娑起舞，人物造型及绘画表现手法颇有尼泊尔及印度艺术之风（图5-24）。

总之，本窟既有汉传佛教内容，又有藏传佛教内容，反映了西夏时代佛教的兼容并蓄。从艺术上看，则体现出新的艺术风格，不论是人物画还是山水画都吸取了两宋以来新的绘画风格和技法。这些都是莫高窟壁画中未见的，具有重要的历史价值。

第10窟

本窟建于西夏，元、清重修。主室平面方形，中央设佛坛，西壁南北侧各存清代砌台，窟顶为覆斗形顶。主室四壁的

图5-24 第3窟北壁西侧 供养菩萨 西夏

壁画均毁，仅窟顶壁画保存完好，甬道壁画为元代重绘。窟顶西夏画藻井图案（图5-25、图5-26），装饰丰富而华丽，中央井心画九品曼荼罗，中央圆心内画一坐佛，围绕中央的坐佛有八个圆形，好像一朵八瓣莲花，每一圆内均有一佛，合起来共九佛，象征九品往生，中央为上品上生的阿弥陀佛，其余的分别表示上品、中品、下品。八瓣莲花形成八叶莲台。由中央向四披的图案层次丰富，依次有回纹、联珠纹、卷草鸟兽纹、连续龟甲纹、轮形纹、垂角纹等，最外层为赴会佛、伎乐飞天等。其中，画家把"天""王"等字变化成为图案，极富创意。在卷草中刻画象、狮、飞马、凤鸟等形象，图案纹样生动有趣。东披下沿绘四组五佛赴会，南披下沿东西两端分别画一献花飞天、一迦陵频伽鸟及珠宝、彩云、花枝等，西披下沿绘九身伎乐飞天及珠宝、彩云。这些飞天伎乐悠然自得地弹奏乐器，表现出十分陶醉的神情，造型生动，在线条的处理、色彩的应用等方面都达到了很高的水平（图5-27）。伎乐天演奏的乐器包括笙、腰鼓、笛、胡琴、筝、琵琶等，其中胡琴是现存最早的胡琴形象，在音乐史上具有重要的价值。

本窟四壁壁画全部被铲除，有可能是计划铲除原有壁画后重绘新的，但工程未完。残存的窟顶壁画是西夏飞天、图案画的精品。甬道南壁元代的佛传故事画共画出 30 多个情节，内容丰富，造型别致。

图5-25 第10窟窟顶 藻井 西夏

图5-26 第10窟窟顶 图案 西夏

图5-27 第10窟窟顶西披 飞天 西夏

第4窟

本窟为元代所建，主室平面呈方形，中央设佛坛，佛坛上清塑一铺九身。覆斗形顶，窟顶画九佛藻井（大部残毁），东壁中央画曼荼罗一铺，两侧经变画各一铺；南壁东起画白度母、观音曼荼罗、说法图各一铺；北壁东起画灵鹫山说法图、曼荼罗、绿度母各一铺；西壁门南画普贤变一铺，其下画男供养人一身、女供养人三身，门北画文殊变一铺，其下画男供养人五身。

窟顶藻井画九佛，但井心大部毁坏。四披分别绘缠枝牡丹纹、圆环套联纹、联泉纹、卷草海石榴花纹、回纹、垂幔纹等，颜色鲜艳，保存完好。其中海石榴花茎以假金色涂染，海石榴花以土黄、深红和石绿等色勾填，整个纹饰清新淡雅。花朵之间以飞禽点缀，与海石榴花完美地融合在一起。

正壁北侧的说法图，居于正中的佛陀形体较大，着右祖式袈裟，结跏趺坐于金刚宝座上，左手平放在胸前，右手下垂至右膝作降魔印。两侧分别是大弟子迦叶和小弟子阿难，他们俩都双手合十，侍立在佛的左右，与画面两侧山岭间正在禅修的八身弟子组成十大弟子。画面的下部左右对称地各侍立着四身菩萨，其下有释梵天众、天龙八部和两身金刚力士等。正壁南侧的说法图与北侧的说法图在构图上基本相同，只是侍从有所不同。南侧说法图中，佛两侧绘有弟子迦叶和弟子阿难，他们与山岭中的其他八身弟子构成佛的十大弟子。

南北两壁的内容相对，都是中间一铺曼荼罗，一侧为说法图，另一侧为度母。南壁中央的观音曼荼罗，在方形坛城的中心绘八臂观音，通体金色，手持弓箭等法器，结跏趺坐在莲台上。观音上方的菩萨右手持宝珠，下方的菩萨双手握绢索，左右两侧为两身金刚。四隅是"嬉、鬘、歌、舞"四身菩萨，称为"内四供养菩萨"。四周方形的界道内画十六身飞天。方坛的四方正中各开一个坛门，坛门两侧旗幡飘扬。外围圆形的界道有三重，分别绘莲瓣、金刚杵和火焰三种纹样。界道外四隅的莲花上是四身供养菩萨，分别是"香、华、灯、涂"，称为"外四供养菩萨"。垂幔下方、曼荼罗上方是五智如来，从右起分别是不空成就如来、阿閦如来、大日如来、宝生如来、无量寿如来。五智如来的两端是两身菩萨。中间方形的坛城以对角线分成红、绿、黑、青四个三角形，外围圆形的界道，圆形界道又在整铺方形的曼荼罗中。这种方中含圆、圆中有方、方中有三角形的构图比较活泼，似乎也隐含着天圆地方的宇宙观含义。

南壁东侧绘白度母（图5-28）。度母，是藏传佛教的女神。相传在很久很久以前，观世音菩萨为了众生的幸福，下凡到人间帮助人们脱离苦海。观音救度无数的众生脱离了生死轮回。一次，观音菩萨用圣眼观察众生，发现生死苦海中的芸芸众生丝毫没有减少，观音菩萨悲从心生，双泪俱下，泪水滴在莲花上，左泪化为白度

图5-28 第4窟南壁东侧 白度母 元

母，右泪化为绿度母。化现的度母则安慰观音菩萨："苦海中的芸芸众生虽然非常多，但我们的毅力和法力也是没有尽头的。我们会帮助你，和你一起共同完成救度无量众生的大业。"因为度母协助观音菩萨救度了无数的众生，所以在十方世界，她的名声流传广泛，影响巨大。十方诸佛都来为她灌顶，赞叹她的宏愿和智慧，称其是救度一切众生成佛的佛母。因此，称她为大慈大悲"救度佛母"，又叫"救八难度母""多罗菩萨""多罗观音"等。"多罗"是梵文音译，意为眼、极度、救度。藏语把度母称为"卓玛"。通常以身色区分，有白度母和绿度母。修持白度母法，能消除病因灾劫，增长寿命及福慧，斩断轮回之根，免除魔障瘟疫，凡有所求无不如愿。图中白度母面目端庄祥和，身色洁白，头戴宝冠，卷曲如波浪的黑色长发垂到肩膀，

图5-29 北壁东侧 释迦多宝说法图 元

耳饰耳珰，颈挂珠宝璎珞，手脚环钏，花鬘绕身，穿黑色短裙。面前的莲池中盛开着五朵大莲花，上面各坐着一身菩萨。白度母身后，用蓝、绿、红、黄、黑等颜色绘制了连成一片犹如锯齿状的山峦，交错变化的色块形成的山峦富有强烈的装饰效果。山峦又如彩色的背屏，使画面凝聚在背屏之前，给观者以整体感。在彩色的山峦和黑色的天空之间装饰了白色的折枝花，既装饰了画面的背景，又拓展了画面幽深的空间。山峦两侧各有三身舞蹈造型的菩萨。山峦上方绘制五方佛。

北壁东侧画二菩萨并坐在佛座上（图5-29），二菩萨身姿手势一致，头戴宝冠，长发披肩，头发卷曲如螺旋纹，面相略长，眼呈弓形，鼻梁高挺，下颏微凸。二菩萨均裸露上身，下穿短裙，佩饰耳珰，璎珞垂胸，臂钏环腕，足踏莲台，坐在须弥座上；双手印作说法相，一条腿下垂，另一条腿搭在前一条腿上，通常把这种坐姿称为"游戏坐"。二菩萨的上部，有两组赴会菩萨各五身从山峦间乘祥云而来，停留在两身菩萨的上方。两侧山峦间各有三身舞蹈造型的菩萨。二菩萨之间装饰着三座小型宝塔，有人认为是《法华经》"见宝塔品"的内容，也就是我们通常说的释迦多宝并坐说法图。这个故事说的是过去有个多宝佛，曾经发愿说："未来世界，凡是有讲《法华经》的地方，我就要从地涌出来，见证其说法。"到了释迦牟尼佛

第六章　稀世珍宝象牙佛

清朝初年，喇嘛吴根栋在清除榆林窟东崖洞窟前的积沙时，从沙子中发现了一件非常珍贵的象牙佛。刚从沙子中挖出时，用黄布包裹，总共用了七层包裹和一层哈达。该佛像是用象牙从中一剖为二后雕琢而成，两片象牙用铜合页相连，能够完全扣合。大象鼻内侧有钻孔，扣合后可以用绳固定。扣合后高15.9厘米、上宽11.4厘米、下宽14.3厘米、厚3.9厘米（图6-1、图6-2）。这应该是古代僧侣随身携带用来礼拜的小型龛像。

两片象牙外形的雕刻基本相同，都是一身骑在象背上捧塔的人物及五位侍从。象背上捧塔的人物，束发缠头，脑后悬发袋，戴大耳环，身着通肩式披风，衣纹的线条很密集；面相丰圆，五官紧凑，高鼻深目，神情安详肃穆。大象背披鞍鞯，侧面悬挂铃铛，周身各有五身侍从，其中一侍从坐在象头上、一侍从坐在象尾、一侍从站立在象鼻子下，另外二侍从站在象肚子下。侍从也是卷发，悬鼻深目；上身半裸，下穿短裙。比较犍陀罗的佛教雕刻，在表现佛教故事中分舍利场面和分得舍利之后捧舍利盒归国的人物，与榆林窟的象牙佛外形较接近，推测这件象牙佛外形所表现的主题，可能是分得舍利而归的某国王，可称为"分舍利归国图"。

打开合页，里面两片象牙共雕刻佛传故事50个场景，包括托胎灵梦、树下诞生、出游四门、逾城出家、白马吻足以及成道、涅槃等内容。其中雕刻了各类人物259个，佛塔、象、马、车等10多个，整个佛传图情节鲜明，人物形象生动而姿态各异。造像刀法细腻、雕刻高超，是一件非常珍贵的艺术品。从形制和形象看，具有印度艺术风格，应该是传自印度的艺术品，制作年代可能在唐代之前，后来由印度传法高僧或中国去印度学经僧人带到中国，是古代中印文化交流的罕见物证。

这件国宝在榆林窟的发现与经历十分曲折，可以说也见证了这100多年的历史。

明代嘉靖年间，明政府退居嘉峪关防守，嘉峪关以西的广大地方沦为荒芜之地。榆林窟香火断绝，僧伽四散，殿宇为流沙坠石所埋，洞窟成栖禽伏狐之所，千年的"世界圣宫"任凭风吹雨打而无人管理。直到清代雍正年间，政府移民实边，敦煌、瓜

图6-1 象牙佛外形

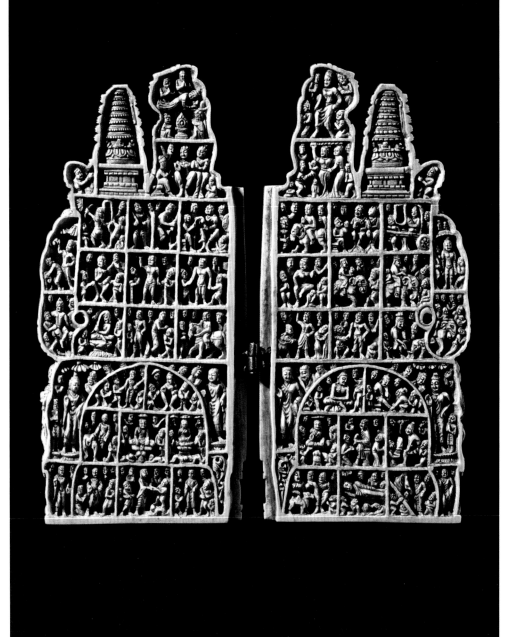

图6-2 象牙佛内面

图6-3 郭元亨像 段文杰绘

州才逐渐恢复往日的生机。乾隆年间，喇嘛吴根栋云游至此，见洞窟残存，佛像毁坏，决心要修复洞窟，遂四处游说，募集资金，招募劳力，清除积沙，却在偶然间，从流沙中得到这一稀世珍宝，象牙佛便成了榆林窟的镇窟之宝和历任住持的权力象征。

嘉庆十二年（1807 年）正月十八日，吴根栋在榆林窟石窟内坐化。之前，他将象牙佛传给了他的掌门弟子。此后，历代住持相传收藏、供养着象牙佛。同治十二年（1873 年），白彦虎部占领了榆林窟，绑架了住持道人杨元，逼迫其交出象牙佛。得到杨元的暗示后，弟子李教宽偷偷带着象牙佛离开了榆林窟。绑匪得不到佛像，竟然残忍地将杨元杀害在第 6 窟的大佛殿内。又过了 70 多年，到了光绪二十九年（1903 年），榆林窟住持道人颜教荣，从一个玉门商人口中打探到金塔县塔院寺有一尊象牙佛，与此前藏于榆林窟的象牙佛非常相似。经核实，最后确定金塔县塔院寺的象牙佛就是当年李教宽从榆林窟带走的象牙佛。第二年冬，由榆林窟住持颜教荣和瓜州民众张荣等人亲自赴金塔迎请佛像。几经周折，象牙佛终于回到了瓜州榆林窟。光绪末年，颜教荣死，象牙佛便秘密藏身于瓜州境内。1940 年，象牙佛传到了住持道人郭元亨（图6-3）手中。1941 年，张大千在榆林窟临摹壁画期间，恳

请一睹象牙佛容颜，遭到了郭道人的拒绝。1943年，甘肃军阀马步芳的部下流窜到榆林窟，强迫郭道人交出象牙佛，郭道人答复不知道佛像的去向，遭到了这伙强盗惨不忍睹的摧残，但总算保住了性命。1943年和1944年，学者陈万里和阎文儒路过瓜州时，先后分别请求瓜州地方人士，想要一睹传说中的象牙佛，但都没有如愿。

中华人民共和国成立后，榆林窟道人郭元亨为了使象牙佛得到更妥善的保护，于1950年将象牙佛上交安西县人民政府；1954年，安西县人民政府将象牙佛上交甘肃省文物管理委员会；1956年，甘肃省文物管理委员会将象牙佛移交甘肃省博物馆；后来，甘肃省博物馆又将其移交中国历史博物馆（今国家博物馆），为国家一级文物。

第七章 榆林窟的科学保护

第七章　榆林窟的科学保护

榆林窟深居欧亚腹地，属大陆荒漠性气候，该地区年降水量为 65 毫米，蒸发量为 3302 毫米，属于干旱少雨且蒸发量很大的西北内陆。常年多风，风向主要有西北风和东北风，风速 6.7 米／秒，年平均气温为 10.5℃，极端最高气温 39.5℃，极端最低气温 –30.4℃。地质构造为二级冰川沉积岩，从地貌上可分为河谷和河谷两岸戈壁砾石平原区，崖体风化和雨水冲刷严重。

窟区中的榆林河（图 7–1）发源于祁连山西段北麓的野马山，源头最高海拔 5100 米，全长 180 千米，年径流量为 1.74 立方米／秒。由暴雨形成的洪水汇流迅速，历时短，洪峰高；汛期基本发生在 6、7、8 月，年平均径流量约为 5495 万立方米；因而，榆林窟多次受到洪水的威胁。

图7-1 榆林河谷

榆林窟保护区周围为宽阔的戈壁滩，保护区内主要是戈壁和山丘，崎岖陡峭，植被稀少，野生动物主要有极少量的黄羊、野兔、骆驼等。流动人员少，仅有一条公路通过，车辆稀少，为文物安全提供了有利条件。但榆林窟保护区和缓冲区内生态系统较为脆弱，易受破坏。

榆林窟所处环境自然灾害主要有地震、洪水、风沙。虽历史上有多次地震发生，但都震级较小，未对石窟造成影响。榆林窟窟前的榆林河汛期洪水和冬季的冰凌使得洞窟受到潜在威胁。

榆林窟创建至今已有千余年，最晚的元代石窟距今也已 600 多年。至 16 世纪上半叶，明朝政府封闭嘉峪关，瓜、沙地区人民内迁，榆林窟停止开窟造像以后，长期处于无人管理的状态。由于自然和人为因素的作用，榆林窟存在着崖体风化、开裂，窟前土建筑坍塌，窟内彩塑塌毁，壁画空鼓、脱落、酥碱、起甲等病害，东西两崖上层洞窟窟顶壁画大面积脱落。

受自然环境的影响，部分石窟、建筑产生破损的现象。20 世纪 60 年代初，第 25 窟前室的大型地狱经变画曾被涂毁。从 60 年代中期开始，对榆林窟逐渐进行了保护修复。榆林窟现存的 42 个洞窟中，窟内塑像大多经清代重修，少部分洞窟的塑像出现肢体倾斜和身部飘带、手指、手腕、胳膊、腿腕、眼珠等部位断裂，残损比较严重。壁画病害有起甲、酥碱、空鼓、龟裂、渗水、烟熏、裂隙等，几乎每个洞窟都有不同程度的起甲壁画，极少数洞窟的起甲、酥碱、空鼓壁画非常严重，洞窟岩层渗水已影响到部分洞窟的安全和壁画的完整，急需保护治理。

20 世纪 20 年代曾对榆林窟的塑像、窟前建筑进行过少量的维修，50 年代中期对半数洞窟顶大面积脱落的壁画进行了抢救性加固。五六十年代以来，敦煌研究院持续不断地对榆林窟的空鼓壁画做边缘加固，对酥碱、起甲的壁画和彩塑做了修复，有效地保护了现存的壁画和彩塑。80 年代末至今，遵照"不改变原状"的修复原则，采取传统工程手法和现代科学技术手段相结合的方法，对壁画、塑像、窟前建筑等进行了加固、保护、修缮工作；同时，为保护榆林窟不受榆林河水的影响，修建了防洪堤。

1990—1995 年，根据"修旧如旧，不改变文物原状"的原则，针对榆林窟的危崖、裂隙、风化和冲沟，应用先进的锚索技术和灌浆技术，加固了裂隙造成的危岩和破碎岩体，治理冲沟和加固风化崖面等，使榆林窟得到了科学保护，而且保持石窟的原貌不变，同时全面修整了窟前的土塔和化纸楼等土建筑（图 7-2、图 7-3、图 7-4）。近期，通过水利工程，疏浚了榆林河河道，防治了榆林河河水泛滥。目前，除窟前临时的管理和工作人员住宿用房有碍景观外，榆林窟窟内文物、窟前附属土塔、化纸楼等土建筑及周围的自然环境和历史风貌得到了较好的保护。

图7-2 榆林窟加固工程

图7-3 加固工程后的西崖栈道

　　1992—1995年对榆林窟东崖第12至第29窟段锚索加固、栈道修建及七大冲沟的处理、榆林窟东西崖体裂隙灌浆、崖面防风化加固、东崖崖顶三合土防渗层的铺设等防护工程，基本上解决了崖体不稳定和崩塌及冲沟的问题。2002年完成榆林窟防洪应急工程后，这一威胁得到很大的消除，但风沙对榆林窟崖面存在着侵蚀现象。

　　为确保榆林窟文物安全，防止意外发生，敦煌研究院设立了榆林窟文物保管所，并针对上述情况分别制定了榆林窟汛期洪水应急预案、榆林窟冬季冰凌应急预案、榆林窟地震应急预案。今天的榆林窟，可以说已经得到了有效的科学保护。但文物保护工程是一项长期的艰巨的事业，随着科学调查与研究的不断深入，榆林窟的保护工作会得到更加健全的发展。

主要参考文献

一、著作

段文杰主编：《敦煌石窟艺术·榆林窟第二五窟附第一五窟（中唐）》，南京：江苏美术出版社，1993 年

敦煌研究院编：《中国石窟·安西榆林窟》，北京：文物出版社，1997 年

樊锦诗编著：《安西榆林窟》，兰州：甘肃民族出版社，1999 年

敦煌研究院编：《甘肃石窟志》，兰州：甘肃教育出版社，2011 年

二、论文

向达：《莫高、榆林二窟杂考》，《文物参考资料》第 2 卷第 5 期，1951 年

万庚育：《莫高窟、榆林窟的西夏艺术》，《敦煌研究文集》，兰州：甘肃人民出版社, 1982 年

刘玉权：《敦煌莫高窟、安西榆林窟西夏洞窟分期》，《敦煌研究文集》，兰州：甘肃人民出版社, 1982 年

史苇湘：《灿烂的敦煌壁画——莫高窟榆林窟唐五代宋西夏元的壁画艺术》，《中国美术全集·绘画编·敦煌壁画》（下），北京：人民美术出版社，1985 年

霍熙亮：《安西榆林窟第 32 窟的〈梵网经变〉》，《敦煌研究》1987 年第 3 期

段文杰：《榆林窟第 25 窟壁画艺术探讨》，《敦煌研究》1987 年第 4 期

刘玉权：《榆林窟第 3 窟〈千手经变〉研究》，《敦煌研究》1987 年第 4 期

段文杰：《榆林窟党项蒙古政权时期的壁画艺术》，《敦煌研究》1989 年第 4 期

刘玉权：《关于沙州回鹘洞窟的划分》，《1987 年敦煌石窟研究国际讨论会文集》，沈阳：辽宁美术出版社, 1990 年

郑汝中：《榆林第 3 窟千手观音经变乐器图》，《1990 年敦煌学国际研讨会文集》（石窟艺术编），沈阳：辽宁美术出版社，1995 年

段文杰：《玄奘取经图研究》，《1990 年敦煌学国际研讨会文集》（石窟艺术编），沈阳：辽宁美术出版社, 1995 年

赵声良：《榆林窟艺术概述》，《丝绸之路》1996 年第 6 期

樊锦诗、梅林：《榆林窟第 19 窟目连变相考释》，《段文杰敦煌研究院五十年纪念文集》，北京：世界图书出版公司, 1996 年

刘玉权：《榆林窟第 29 窟窟主及其营建年代考论》，《段文杰敦煌研究院五十年纪念文集》，北京：世界图书出版公司，1996 年

宿白：《榆林、莫高两窟的藏传佛教遗迹》，《藏传佛教寺院考古》，北京：文物

出版社，1996 年

霍熙亮整理：《安西榆林窟内容总录》，《中国石窟·安西榆林窟》，北京：文物出版社，1997 年

[法] 哈密顿著，杨富学、牛汝极译：《榆林窟回鹘文题记译释》，《敦煌研究》1998 年第 2 期

赵声良：《榆林窟第 3 窟山水画初探》，《艺术史研究》第 1 辑，广州：中山大学出版社，1999 年

金申：《榆林窟象牙龛佛像及相关携带式龛像》，《2000 年敦煌学国际学术讨论会文集——纪念敦煌藏经洞发现暨敦煌学百年（石窟考古卷）》，兰州：甘肃民族出版社，2003 年

刘玉权：《榆林窟第 29 窟考察与研究》，《榆林窟研究论文集（上)》，上海：上海辞书出版社，2011 年

后　记

　　敦煌石窟包括莫高窟、榆林窟、西千佛洞、东千佛洞、五个庙石窟等敦煌周边的石窟。由于莫高窟的洞窟数量最多，延续时间最长，又是敦煌旅游的中心景点，长期以来，对敦煌石窟的介绍和宣传多集中于莫高窟，而对其他几处石窟较少介绍，因此榆林窟等石窟较少为世人所知。

　　2007 年开始的"丝绸之路"申报世界遗产的计划中曾一度把榆林窟纳入申报的范畴。为了准备申遗，敦煌研究院一方面对榆林窟保护与管理等方面展开了大量的建设性工作；另一方面多方面收集资料，对榆林窟的文化价值进行探讨。为撰写榆林窟申遗文本，成立了以樊锦诗院长为核心的专家小组，包括各学科的专家刘玉权（考古学和艺术史）、王旭东（文物保护）、赵声良（艺术史）、张元林（考古学）、杨富学（历史学、回鹘文化）、陈港泉（文物保护），对榆林窟的历史文化及艺术价值进行多方面论证。经过反复讨论酝酿，于 2008 年年底完成了《丝绸之路·榆林窟》申遗文本的撰写。通过从历史、考古、宗教、民族、艺术等学科多方面探讨榆林窟的价值，加深了对榆林窟的认识。同时，我们深感榆林窟具有的重大价值较少为世人所知，已有的研究和介绍都非常不够，因而有必要加强对榆林窟的介绍和宣传，并推动榆林窟的学术研究。此后，一方面由敦煌研究院编辑部组织编辑《榆林窟研究论文集》，收集了从 20 世纪 40 年代以来国内外专家对榆林窟的研究论文，汇集成上、下两册，于 2011 年出版；另一方面，组织编写面向普通读者的《榆林窟艺术》，经数年的努力，这本小书终于完成。

　　本书是在《丝绸之路·榆林窟》申遗文本的基础上，参考了大量前人的研究成果改编而成，试图尽可能全面地向读者介绍榆林窟的内容及历史、艺术价值，并在书中体现榆林窟的最新研究成果。同时，为了让更多的读者了解榆林窟艺术，我们尽可能地以深入浅出的语言，明白易懂地介绍相关的宗教、文化知识。由于榆林窟内容广博，石窟艺术中牵涉历史、宗教、民族、文化等多学科问题，限于编者的水平，错误在所难免，敬请读者批评指正。

编者

2013 年 6 月

图书在版编目（CIP）数据

榆林窟艺术 / 敦煌研究院编著. — 南京：江苏凤凰美术出版社，2014.7（2022.9重印）

ISBN 978-7-5344-7282-4

Ⅰ.①榆⋯　Ⅱ.①敦⋯　Ⅲ.①石窟—介绍—榆林市
Ⅳ.①K879.29

中国版本图书馆CIP数据核字（2014）第062457号

责任编辑　毛晓剑
　　　　　郭　渊
项目协力　王　超
装帧设计　毛晓剑
责任校对　吕猛进
责任监印　生　媛

书　　名　榆林窟艺术
编　　著　敦煌研究院
出版发行　江苏凤凰美术出版社（南京市湖南路1号　邮编：210009）
制　　版　南京新华丰制版有限公司
印　　刷　合肥精艺印刷有限公司
开　　本　718mm×1000mm　1/16
印　　张　8.5
版　　次　2014年7月第1版　2022年9月第9次印刷
标准书号　ISBN 978-7-5344-7282-4
定　　价　58.00元

营销部电话　025-68155675　营销部地址　南京市湖南路1号
江苏凤凰美术出版社图书凡印装错误可向承印厂调换